AF453937

TRAITÉ

DES

ÉTATS, PIÈCES ET CERTIFICATS

A DRESSER

PAR LES RECEVEURS DE L'ENREGISTREMENT

ET DES DOMAINES.

TRAITÉ

ANALYTIQUE ET RAISONNÉ

De tous les États, Pièces et Certificats

A DRESSER PÉRIODIQUEMENT

Par les Receveurs de l'Enregistrement et des Domaines ;

SUIVI D'UN

RECUEIL COMPLET

Des MODÈLES conformes aux Circulaires et Instructions
de l'Administration,

Utile à MM. les Receveurs, Surnuméraires et Aspirans Surnuméraires ;

PAR LANDOUZY,

Receveur de l'Enregistrement et des Domaines à Droué (Loir-et-Cher).

« Les Receveurs de l'Enregistrement et des Domaines
« sont justiciables de la Cour des Comptes, et ils
« présentent les comptes de leur gestion en leur
« nom et sous leur responsabilité. »
Art. 2 de l'Ordonnance du 8 novembre 1820 (Inst. 971).

PRIX : 4 FRANCS, *rendu franc de port.*

Châteaudun,

IMPRIMERIE DE AUG^te LECESNE.

1847.

A MONSIEUR CALMON,

MEMBRE DE LA CHAMBRE DES DÉPUTÉS, CONSEILLER D'ÉTAT,

DIRECTEUR GÉNÉRAL DE L'ENREGISTREMENT
ET DES DOMAINES,

COMMANDEUR DE L'ORDRE ROYAL DE LA LÉGION-D'HONNEUR.

LANDOUZY.

La Comptabilité des Receveurs de l'Enregistrement et des Domaines ne consiste pas seulement dans l'enregistrement des diverses recettes et dans les paiemens qu'ils sont chargés de faire ; elle consiste encore dans un travail qui peut paraître, au premier abord, d'une importance secondaire, mais, cependant, qui renferme en lui-même une grande portée, puisqu'il sert à lier entr'eux et à présenter à l'administration, bien coordonnés, les divers résultats financiers, un des principaux objets des attributions qui leur sont confiées.

Je veux parler des ÉTATS PÉRIODIQUES qu'ils doivent adresser à leur Directeur. Ce travail, qui se reproduit au commencement de *chaque mois*, de *chaque trimestre*, de *chaque semestre* et de *chaque année*, n'offre peut-être pas de difficultés bien sérieuses aux Receveurs en exercice depuis longtemps ; mais, quant à ceux dont la nomination remonte seulement à quelques années, ils doivent être forcés, je crois, surtout pour ce qui concerne les *comptes de fin d'année*, de compulser un grand nombre de volumes, et de passer un temps considérable à chercher dans les Circulaires de la Comptabilité générale des Finances et dans les Instructions de l'Administration, les documens et modèles dont ils ont besoin, pour former convenablement les *nombreux états* exigés à cette époque.

C'est parce que je me suis trouvé dans ce cas, et que j'ai vu la plupart de mes collègues s'y trouver également, que j'ai essayé de réunir, en un volume, tous les renseignemens qui peuvent aider à la formation des ÉTATS PÉRIODIQUES, sans être forcé à des recherches qui ne laissent pas que de faire perdre beaucoup de temps, à des époques où il est surtout si précieux.

LES RECEVEURS nouvellement nommés qui, pendant le cours de leur surnumérariat, n'ont presque jamais été à même de se livrer au travail de la formation des états, et qui, de cette manière, n'ont pu faire une connaissance bien intime avec les questions de comptabilité les plus élémentaires, trouveront, dans ce volume, un GUIDE SPÉCIAL sur la matière.

LES SURNUMÉRAIRES susceptibles de se trouver, en *fin de mois*, *de trimestre* et *d'année*, en intérim, pourront facilement se tirer d'embarras, parce que j'ai fait mes efforts pour rendre mes explications le plus clairement et le plus nettement possible.

LES ASPIRANS-SURNUMÉRAIRES, en puisant dans cet ouvrage les notions nécessaires pour former les comptes de mois, de trimestre et d'année, se prépareront une voie facile, lorsqu'ils seront appelés à régir un bureau.

DIVISION DE CET OUVRAGE.

Cet ouvrage se divise en cinq parties, savoir :

La 1ʳᵉ contient les OPÉRATIONS PAR MOIS.

La 2ᵉ — les OPÉRATIONS PAR TRIMESTRE.

La 3ᵉ — les OPÉRATIONS PAR SEMESTRE.

La 4ᵉ — les OPÉRATIONS PAR ANNÉE.

La 5ᵉ — les MODÈLES de tous les États qui ne sont pas fournis par l'Administration.

On trouvera, après la cinquième partie, la manière de dresser un COMPTE DE CLERC-A-MAITRE.

J'ai essayé de donner pour chaque état :

1° *Son but;* 2° *Son utilité ;* 3° *L'époque* précise à laquelle il doit être fait ; 4° Et *l'explication* la plus catégorique possible de la *manière de le former.* On verra, au surplus, que cette *explication* n'est presque toujours que la reproduction fidèle des circulaires et instructions de l'administration. Il ne pouvait en être autrement, car, en pareille matière, il n'y a pas de théorie particulière à émettre, et celui qui s'écarte le moins des prescriptions de l'administration, est aussi celui qui fera le moins d'erreurs.

M. FORGET, Directeur du département de Loir-et-Cher, a bien voulu me soutenir par sa bienveillance, et m'encourager par ses conseils ; cette honorable sympathie d'un *chef* aussi expérimenté, m'a seule déterminé à livrer à la publicité des documens qui n'avaient d'abord été rassemblés que pour mon instruction particulière.

LANDOUZY.

Droué (Loir-et-Cher), le 15 décembre 1846.

PREMIÈRE PARTIE.

OPÉRATIONS PAR MOIS.

PREMIÈRE PARTIE.

OPÉRATIONS PAR MOIS.

N° 1ᵉʳ.

BORDEREAU

Des Recettes et des Dépenses faites pendant le mois.

Des imprimés sont fournis par l'Administration.

Ce Bordereau doit être adressé à la Direction le 2 de chaque mois,

(*Instruction générale du 12 février 1821 , n° 971.*)

Les receveurs doivent rendre compte , tous les mois , de leurs recettes et de leurs dépenses. Depuis la formation de l'administration jusqu'aujourd'hui, cette règle a toujours été suivie. Il est bien survenu des changemens dans la contexture des états de recette et de dépense; mais de ce que la forme ait varié, le fonds n'a pas changé.

Nous allons citer , à cet égard, l'article 66 des ordres généraux de régie publiés en 1792, qui doivent toujours, tout anciens qu'ils sont, servir de règle aux employés :

« Les receveurs ne manqueront pas de former le » premier jour de chaque mois, et d'envoyer sur- » le-champ à leur directeur , l'état des produits du

» mois précédent, sur les imprimés destinés à cet
» usage, et rempliront avec beaucoup d'exactitude
» les différentes colonnes de cet état. »

Avant 1837, les receveurs étaient tenus de faire leur bordereau de mois en double expédition. Cette mesure était vicieuse en ce qu'elle les surchargeait d'un travail inutile, et que cela devait occasionner souvent des retards dans l'envoi de cette pièce. Aussi l'administration des finances en a-t-elle fait justice, aussitôt que l'inutilité de ce travail lui a été signalée. En effet, le sommier de dépouillement, dont la tenue a été prescrite par l'arrêté du ministre des finances du 9 novembre 1820, a pour objet de classer et récapituler, à la fin de chaque mois, par exercice et par nature, toutes les recettes et les dépenses qui sont décrites sur les divers registres établis dans les bureaux. Ce sommier contient tous les élémens du bordereau mensuel des recettes et des dépenses que les receveurs adressent au directeur du département; il n'y a pas besoin d'une minute particulière, puisqu'il en tient réellement lieu.

(Circ. Comp. du 20 décembre 1836, n° 42, § 8.)

Examinons maintenant comment il faut faire cet état, et quelles sont les mesures à prendre pour éviter les erreurs qui jettent la perturbation, non seulement dans la comptabilité du receveur qui les a commises, mais encore dans celle de la direction.

La principale des garanties nécessaires pour prouver l'exactitude des bordereaux des recettes et des dépenses de chaque mois, doit résulter de la concordance de ces bordereaux avec les relevés particuliers de tous les registres de recette et le journal de dépenses.

Le dernier jour de chaque mois, après avoir repassé les additions sur tous les registres, on additionne les feuilles à colonnes disposées à cet effet, et l'on connaît le montant, selon les divisions établies dans le livre de dépouillement, des droits d'enregistrement *en principal,* qui sont *constatés* à la charge des redevables de l'état, depuis le premier janvier jusqu'à la fin du mois : ces droits, *appartenant à l'exercice courant,* se composent : 1° de ceux qui ont été portés en recette sur les registres de formalité ; 2° et de ceux qui ont été consignés sur le sommier des droits et produits constatés n° 1ᵉʳ, y compris les droits provenant de l'exercice précédent reportés à l'exercice courant. On termine le livre de dépouillement, et les résultats portés sur ce livre, pages 14 et 15, doivent concorder parfaitement avec les registres de formalité et le sommier des droits et produits constatés n° 1ᵉʳ.

Pour connaître quelles sont les sommes qu'il faut porter sur le bordereau, art. 1ᵉʳ, *droits d'enregistrement,* on remplira à la page 19 du sommier de dépouillemement l'état par nature d'actes ou de mutations, des droits d'enregistrement en principal, *perçus* depuis le 1er janvier jusqu'au dernier jour du mois.

Pour remplir cet état de développement : 1° en ce qui concerne l'exercice précédent, le receveur fait, à la fin de chaque mois, le relevé, par paragraphe, des droits perçus, sur son registre de recette des droits constatés n° 1er; 2° à l'égard de l'exercice courant, il forme, à la fin du mois de janvier, le relevé, par paragraphe, des articles non recouvrés à cette époque; il en déduit le montant sur les sommes portées au livre de dépouillement des droits constatés. La différence forme le montant des droits perçus pendant ce mois. La même opération est renouvelée à l'expiration de chacun des autres mois, en ayant soin de déduire les recettes faites jusqu'à la fin du mois précédent.

Cette opération terminée, on porte à l'art. 1er de la première partie du bordereau, *droits d'enregistrement,* les totaux formés au bas dudit état de développement, pages 18 et 19 du sommier de dépouillement (1); on prend, sur tous les registres de

(1) Les receveurs de l'enregistrement avaient été autorisés par la circulaire n° 1804, à ne faire, pour la facilité des calculs, aucune mention, dans les états de mois, des fractions de franc de cinquante centimes et au-dessous, et à porter comme franc complet celles qui excéderaient cette quotité, sauf à consigner sur les bordereaux de compte toutes les fractions avec l'exactitude nécessaire.

recettes des droits constatés, la totalité des recettes faites pendant le mois sur chacun d'eux, en ayant soin qu'il y ait entre les différens totaux de ces registres et le sommier de dépouillement une concordance parfaite. On fait ensuite avec soin le compte de la débite des papiers timbrés (1) et des passeports (instruction 1010), et l'on porte le résultat sur le sommier de dépouillement.

Ce travail provisoire achevé, on possède tous les élémens qui doivent servir au bordereau, et sa rédaction se fera en suivant exactement toutes les indications de l'imprimé.

Quant aux dépenses, après avoir terminé les additions sur le journal de dépenses, on réunit toutes celles de même nature, et on les porte sur le bordereau et sur le sommier de dépouillement.

La deuxième partie, concernant les opérations de trésorerie, sera remplie, tant à la recette qu'à la dépense, en portant par nature, par article et par

Ce mode avait l'inconvénient d'empêcher l'identité parfaite qui doit toujours exister entre les sommes portées dans les états de mois et celles portées sur les registres. Aussi, pour établir la régularité convenable, les receveurs porteront désormais sur chaque état les centimes ou fractions de franc, d'après les registres de recettes et les pièces de dépenses. (*Inst. gén. du 27 janvier* 1816, *n°* 704.)

(1) Toute feuille de papier timbré qui, à la fin de chaque mois, n'aura été débitée qu'en partie, sera comptée comme débitée en totalité. En comptabilité, on n'admet aucune fraction de feuille. (*Circulaire de la Comptabilité, n° 3.*)

exercice sur le bordereau, les totaux des sommes concernant cette partie, tant sur le registre de recettes des opérations de trésorerie, que sur le journal des dépenses (1).

Le dernier tableau de la quatrième page du bordereau n'étant autre que la récapitulation générale du sommier de dépouillement par nature d'actes ou de mutations des droits d'enregistrement en principal *perçus* pendant le mois, on n'a besoin, pour le remplir, que de copier cette récapitulation générale pages 18 et 19 du sommier de dépouillement.

Nous avons dit en commençant que le bordereau devait être adressé à la direction le 2 de chaque mois, mais il peut arriver que des receveurs placés dans des communes où il n'existe pas de bureaux de poste, et dont les dépêches se transportent à celui qui est le plus voisin, par des messagers ou piétons, se trouvent quelquefois dans l'impossibilité de leur faire parvenir leur bordereau avant le 5 du mois suivant; dans ce cas, ces receveurs doivent adresser

---

(1) Pour simplifier les écritures et faciliter l'établissement du contrôle périodique des mouvemens de fonds entre les comptables, il a été décidé que les receveurs d'enregistrement feront leurs versemens aux caisses des receveurs généraux ou particuliers des finances, en sommes rondes et sans fractions de franc, et qu'ils suivront la même règle pour les fonds de subvention qui seront fournis, soit par les receveurs de l'administration à leurs collègues, soit par les receveurs des finances. (*Inst. gén. du 6 décembre 1823, n° 1107.*)

au directeur, par la poste du chef-lieu d'arrondissement, le 30 ou le 31 de chaque mois, jour où ils effectuent leur versement, un état sommaire et provisoire de leurs recettes du même mois, et qui ne présentera que trois lignes,

Savoir :

Enregistrement, timbre, etc. . . . .

Domaines et recettes accidentelles. . . . .

Forêts (exercice courant), produits accessoires.

Total. . . .

A la vérité, les recettes du dernier jour du mois ne pourront être comprises dans cet état provisoire qui, par suite, présentera quelque différence avec le bordereau mensuel rédigé après l'expiration du mois; mais il a été décidé qu'il n'y avait pas lieu de s'arrêter à ces différences, qui seront d'autant plus faibles que les bureaux où il n'y a pas de poste aux lettres sont généralement les moins importans.

Ainsi, pour les bureaux où il y a poste aux lettres, les bordereaux du mois doivent partir le 1er ou le 2 au plus tard; et pour ceux où il n'en existe pas, *l'état sommaire et provisoire* doit partir du chef-lieu d'arrondissement le 30 ou le 31.

(Circ. Comp. du 5 décembre 1826, n° 9.)

N° 2.

INVENTAIRE

1° Des Pièces de Dépenses acquittées et des Récépissés de versemens effectués pendant le mois ; 2° des Pièces justificatives des Recettes par viremens faites pendant le même mois.

Des imprimés sont fournis par l'Administration.

Cet Inventaire doit être adressé à la Direction le 2 de chaque mois, en double expédition.

1° L'inventaire des pièces de dépenses doit être fait le premier de chaque mois. Il est une partie intégrante du bordereau des recettes et des dépenses, et doit toujours l'accompagner.

Pour le former, voici la marche à suivre :

Après avoir terminé sur le journal de dépenses l'addition des sommes enregistrées, on réunit, les unes aux autres, toutes les dépenses de même nature, et on les porte *séparément*, l'une après l'autre, sur l'inventaire, non dans l'ordre où elles ont été enregistrées sur le journal des dépenses, mais dans l'ordre établi au sommier de dépouillement et au bordereau du mois. Le montant de *chaque dépense ou versement* se tire hors-ligne *séparément*, dans l'avant-dernière colonne de l'inventaire ; on ferme ensuite par une accolade toutes les dépenses de même nature, et les totaux des sommes réunies dans chaque accolade sont portés dans la dernière colonne dudit inventaire. On forme le total des dépenses et versemens du mois, on fait le report des mois antérieurs, et le total général, jusqu'au dernier jour de chaque mois, doit être égal au total des dépenses portées au bordereau du mois et au journal de dépenses.

La première colonne doit contenir la désignation sommaire de chaque nature de dépense, placée vis-à-vis chaque dépense. Quand il y a plusieurs dépenses de même nature, on les réunit dans une accolade, et la désignation se met au milieu.

Aux termes d'un arrêté de M. le ministre des finances, du 28 octobre 1837, les mandats de traitemens et remises sont délivrés pour le montant *brut* des appointemens ; mais ils énoncent distinctement les retenues et prélèvemens dont ils sont passibles, d'après les règlemens, au profit de la caisse des retraites. Les receveurs portent en dépense leurs remises pour leur montant intégral, et ils se chargent immédiatement en recette des retenues et prélèvemens sur leur registres des opérations de trésorerie ; les enregistremens retracent, par nature de prélèvemens, le montant de ces recettes, qui sont versées cumulativement avec les autres produits du bureau.

Les deuxième et troisième colonnes de l'inventaire détaillé des pièces de dépenses doivent mentionner, vis-à-vis chaque dépense pour remises, le montant par nature des retenues et prélèvemens exercés au profit de la caisse des retraites. La troisième colonne doit présenter un total pareil à la recette inscrite pour cet objet sur le bordereau mensuel, deuxième partie, opérations de trésorerie, et un détail semblable à celui qui figure dans le tableau mis au bas de la seconde page dudit bordereau du mois.

(Circ. Comp. du 21 *décembre* 1837, *n°* 44, § 13.)

La quatrième colonne doit contenir le nombre de pièces relatives à chaque paiement, y compris la pièce principale. On compte exactement toutes les pièces relatives à chaque dépense, et on en porte le nombre vis-à-vis la dépense. Quant *aux remises du receveur,* il n'y a aucune pièce à porter, parce qu'il n'est pas délivré de mandats mensuels au profit du receveur. Il n'est justifié d'aucune pièce à l'appui de cette dépense. La remise des receveurs est liquidée provisoirement, dans chaque bureau, sur le pied du douzième de la remise qui a été allouée pour l'année précédente ; mais pour prévenir l'inconvénient des rectifications qu'il y aurait à faire à la fin de l'année, si par l'événement des produits effectifs, les remises allouées se trouvaient excéder la somme revenant au receveur, la liquidation des remises peut avoir lieu, à l'expiration des neuf premiers mois, sur les recettes effectives (en ajoutant à celles déjà réalisées les recettes présumées des derniers mois, proportionnellement aux mois précédens). La somme allouée provisoirement chaque mois, par le directeur, continue d'être portée provisoirement sur le bordereau mensuel, ainsi que sur les inventaires, mais il n'est fourni qu'une seule quittance à la fin de l'année, qui comprend la remise brute de l'année entière.

Ce mode dispense les receveurs de la rédaction et de l'envoi au directeur des quittances provisoires qu'ils dressaient à la fin de chaque mois.

(Inst. gén. du 23 janv. 1822, n° 1017.)

2° Quant à l'inventaire des pièces justificatives des recettes par viremens entre le receveur et ses collègues, il doit être dressé, dans un cadre à part, au bas de l'inventaire des pièces de dépenses.

Conformément à la circulaire de la Comptabilité générale des Finances du 30 novembre 1833, n° 33, à l'expiration de chaque mois, les receveurs adressent aux directeurs, avec leur bordereau des recettes et dépenses, les pièces justificatives des recettes par viremens entre les receveurs. Ces pièces consistent dans les talons des bordereaux de couleur bleue et dans les déclarations de recette placées à la suite des bordereaux sur papier rose. Cette transmission n'est accompagnée d'aucun état particulier; le cadre spécial où ces recettes sont mentionnées en tient lieu. Chaque recette par virement sera faite *séparément*, en suivant exactement les indications du tableau relatives aux recettes faites pour le compte des receveurs *dans* le département et *hors* du département.

Avant 1839, l'inventaire des pièces de dépenses était dressé en simple minute. Aussitôt que les pièces lui étaient parvenues, le directeur en accusait provisoirement la réception, et, lorsqu'il avait reçu, de la direction de la comptabilité générale, l'accusé de crédit collectif du montant des dépenses admises après vérification, il dressait et envoyait à chaque receveur un accusé de crédit dans la même forme.

(Circ comp. du 13 décembre 1839, n° 51, § 2.)

L'accusé de réception provisoire avait pour objet de mettre promptement les receveurs à portée **de** justifier, au besoin, des dépenses dont ils n'avaient plus les pièces justificatives, et l'accusé de crédit, délivré, après la double vérification du directeur et de la comptabilité générale, servait de décharge provisoire aux receveurs, jusqu'au jugement de leur compte d'année par la Cour des Comptes. Ainsi, l'accusé de réception était bientôt remplacé par l'accusé de crédit, et cette dernière pièce devenait elle-même sans utilité, dès que les receveurs avaient reçu l'avis de la Cour.

Le travail assez considérable qu'occasionnait aux directeurs la formation des accusés de réception et de crédit, a porté à rechercher les moyens de simplifier cette partie du service sans nuire à la régularité des opérations. Il a été reconnu qu'un récépissé des pièces que le directeur donnerait, après vérification, au pied d'un double de l'inventaire fourni par les receveurs, remplacerait utilement, et tout à-la-fois l'accusé de réception et l'accusé de crédit, lesquels pourraient dès-lors être supprimés sans inconvénient pour le service.

En conséquence, et à partir de l'année 1840, les receveurs adressent, en double expédition, au directeur, leur inventaire mensuel des pièces justificatives de dépenses et versemens. Le directeur les vérifie immédiatement, et, après en avoir reconnu la régularité et l'exactitude, ou y avoir fait les rectifications nécessaires, il renvoie aux receveurs l'un des doubles de l'inventaire souscrit de son récépissé.

N° 3.

ÉTAT

*Comparatif des quantités et produits des Papiers ou Timbre
proportionnel débités pendant le mois, avec ceux qui ont
été débités pendant pareil mois de l'année précédente.*

Des Imprimés sont fournis par l'Administration.

**Cet État doit être adressé à la Direction le 2 de chaque
mois.**

*(Exécution de la Circulaire de M. le Directeur général
du 9 novembre 1837.)*

Cet état a été prescrit par la circulaire de M. le
Directeur général, du 9 novembre 1837. Il a pour
objet d'informer l'administration des effets que les
dispositions de l'article 16 de la loi du 20 juillet
1837 doivent avoir relativement à la vente des papiers au timbre proportionnel. Cet état doit présenter la comparaison des quantités et du produit
des papiers de cette nature, débités pendant chaque
mois, et pendant pareil mois de l'année précédente.

Pour le faire, voici la marche la plus simple : on
prend sur le registre du timbre la copie exacte des
quantités débitées et des produits en espèces du
mois, ainsi que celle du mois correspondant de

l'année précédente. On pose dans les quatre dernières colonnes à ce destinées, les différences en plus ou en moins, par chaque espèce de timbre, et on forme les totaux de toutes les colonnes. Pour établir la *différence totale* en plus ou en moins, il faut faire deux opérations : la première, c'est de retrancher le plus faible total des quantités débitées et des produits en espèces pendant le mois ou le mois correspondant de l'année précédente, du plus fort total de ces quantités et de ces produits, et le résultat de ces deux soustractions formera la différence exacte en plus ou en moins à la fin du mois. La seconde consiste à procéder sur les quatre dernières colonnes dudit état, de même qu'on vient de le faire sur les quatre premières, et si la première opération est juste, le résultat de ces deux dernières soustractions doit être exactement pareil à celui des deux premières.

N° 4.

RELEVÉ

Des Mentions de Non-Comparution en Conciliation, consignées pendant le mois sur le registre des bureaux de paix, dans le ressort du bureau de l'enregistrement.

Voir modèle du Relevé, 5ᵉ partie, n° 1ᵉʳ.

Ce Relevé doit être adressé à la Direction dans les dix premiers jours de chaque mois.

(*Exécution de l'Instruction générale*, n° 1416.)

Les articles 56 et 58 du Code de Procédure sont ainsi conçus :

» ART. 56. — Celle des parties qui ne compa-
» raîtra pas au bureau de conciliation sera con-
» damnée à une amende de 10 francs, et toute
» audience lui sera refusée jusqu'à ce qu'elle ait
» justifié de la quittance.

» ART. 58. — En cas de non-comparution de
» l'une des parties, il en sera fait mention sur le
» registre du greffe de la justice de paix et sur
» l'original ou la copie de la citation, sans qu'il
» soit besoin de dresser procès-verbal. »

Il résulte de ces dispositions, premièrement,

que ce n'est pas le juge de paix, mais le tribunal
de première instance, qui condamne à l'amende la
partie qui n'a pas comparu au bureau de conciliation; secondement, que le tribunal de première
instance, après avoir condamné à l'amende la
partie défaillante en conciliation, lui refuse audience, à défaut de justification de la quittance de
l'amende.

Afin de mettre **MM.** les procureurs du roi à même
de connaître les causes dans lesquelles ils auraient
à requérir l'application de l'art. 56 du Code de Procédure, contre la partie défaillante sur la citation
en conciliation, il convient de leur fournir, chaque
mois, les relevés des mentions de non-comparution,
consignés sur les registres du greffe des justices de
paix.

Les receveurs de l'enregistrement se font représenter, le premier de chaque mois, les registres du
greffe, dressent le relevé conformément au modèle
indiqué ci-dessus, et l'envoient au directeur.

Dans le cas où les registres tenus dans les greffes
ne contiendraient aucune mention de ce genre,
l'état dont il s'agit devrait être remplacé par un certificat négatif.

Voir modèle de ce certificat, 5e partie, n° 2.

2

Nº 5.

ÉTAT

Détaillé des Renvois du mois.

Voir modèle de l'État, 5ᵉ partie, nº 3.

Cet État, accompagné des renvois, doit être adressé au Directeur, dans les dix premiers jours de chaque mois.

(*Inst. gén. du 25 octobre 1834, nº 1466.*)

Pour que chaque receveur soit à portée de meubler ses tables des renseignemens qui sont utiles aux intérêts de l'administration, il est indispensable que tout employé fournisse à celui de ses confrères qu'ils concernent les renvois des extraits d'enregistrement qu'il lui importe de connaître.

Nous n'entrerons pas ici dans le détail des extraits à renvoyer, parce que notre mission se borne à indiquer le nombre et la manière de faire les états périodiques.

L'article 38 de l'instruction générale du 5 juin 1830, nº 1318, prescrit aux receveurs d'adresser, tous les mois, les renvois à leur directeur.

Les actes et renseignemens à renvoyer d'un bureau à un autre sont relevés chaque semaine ; on place un numéro d'ordre, tant sur l'extrait qu'en marge de l'enregistrement, de la table ou du sommier d'où l'article est tiré. Dans les premiers jours de chaque mois, après la confection de tous les extraits et relevés, on forme un état détaillé qui doit énoncer : 1° le numéro d'ordre qui a été mis en marge, comme il est dit plus haut, de l'enregistrement, de la table ou du sommier d'où l'article a été tiré ; 2° la désignation des registres, table ou sommier ; 3° la nature de l'acte ou renseignement renvoyé. Quand l'état est terminé, on classe et on réunit les renvois par bureaux, au moyen d'une note qui doit indiquer le nom du bureau et le nombre de renvois qui lui est fait.

M. le Directeur du département de Loir-et-Cher a fait apporter dans la rédaction de l'état une modification importante. Quoique la mesure prescrite ne soit pas générale, nous allons la faire connaître, parce qu'elle est d'une utilité incontestable et qu'il est à présumer qu'elle sera bientôt adoptée par tous les directeurs.

Article 2 du Mémoire d'ordres pour le 2ᵉ semestre de 1845.

« Le Directeur a tout lieu de penser, d'après la
» grande quantité de renvois omis, que l'attention
» des vérificateurs ne se porte pas avec assez de
» soin sur cette partie du service. Il est en effet

» difficile, au vu de l'état dressé selon le modèle
» annexé à l'instruction 1318, et sans perdre beau-
» coup de temps, de s'assurer si tous les renvois
» ont été faits, notamment en ce qui concerne les
» décès, testamens ou autres dispositions éven-
» tuelles non enregistrés. En conséquence, pour
» faciliter la vérification des états, et afin que les
» vérificateurs puissent reconnaître que tous les
» renvois y sont mentionnés, les receveurs ajoute-
» ront aux états une colonne indicative des folio et
» case du registre, du numéro du sommier et du
» folio de la table d'où les renvois auront été tirés;
» par ce moyen il sera facile de découvrir les omis-
» sions commises. »

N° 6.

ÉTAT

Des Frais urgens autres que les Indemnités de Témoins et Jurés, payés sur simple taxe, pendant le mois, par le Receveur de l'Enregistrement.

Voir modèle de l'État, 5ᵉ partie, n° 4.

Cet État doit être dressé en double expédition le premier de chaque mois. L'une est adressée au Directeur, avec les pièces à l'appui, et l'autre au Procureur du Roi de l'arrondissement.

(*Circ. Comp. du 23 janvier 1839, n° 47.*)

Les frais de justice se divisent en *frais ordinaires* et en *frais urgens*. Nous ne nous occuperons que de ces derniers. Au commencement de chaque mois, les receveurs de l'enregistrement réunissent en un seul état, dressé en double expédition, tous les frais urgens qu'ils ont acquittés sur simples mandats du juge pendant le mois précédent.

Cet état n'est plus soumis à la formalité de la taxe et de l'exécutoire.

On adresse une expédition, à l'expiration de chaque mois, au Directeur, avec les taxes à l'appui.

La seconde expédition est envoyée au procureur du roi, pour être transmise au ministre de la justice.

Les mémoires qui n'ont pas été présentés à la taxe du juge dans le délai d'une année, à partir de l'époque à laquelle les frais ont été faits ou dont le paiement n'a pas été réclamé dans les six mois de leur date, ne peuvent, conformément à l'art. 149 du décret du 18 juin 1811, être acquittés qu'autant qu'il est justifié que les retards ne sont point imputables à la partie dénommée dans l'exécutoire.

Cette justification ne peut être admise que par le ministre de la justice, après avoir pris l'avis du procureur général, s'il y a lieu.

Ainsi les receveurs de l'enregistrement doivent refuser d'acquitter les simples taxes dont le paiement n'a pas été réclamé dans les six mois de leur date, à moins qu'il ne soit justifié, par une mention dans le réquisitoire du ministère public ou de toute autre manière, de l'autorisation spéciale du ministre de la justice.

Afin qu'on ne puisse confondre les *frais urgens* avec les *frais non réputés urgens*, nous allons donner le détail des premiers.

FRAIS URGENS.

1° Translation des prévenus ou accusés et transport des objets de conviction dans les lieux où le service des transports militaires n'est point organisé.

2° Translation des prévenus ou accusés par voie extraordinaire; avance aux gendarmes de la somme présumée nécessaire pour les frais de translation.

3° Vacations et frais de voyage et de séjour à l'occasion du transport de pièces arguées de faux ou de pièces de comparaison.

4° Frais d'exhumations des cadavres.

5° Indemnités aux témoins, aux médecins, chirurgiens, sages-femmes, experts et interprètes, pour comparution, frais de voyage et de séjour forcé, soit en route, soit dans le lieu où ces personnes sont appelées pour déposer ou donner des explications sur leurs rapports.

6° Indemnités aux jurés pour frais de voyage et de séjour forcé en route.

Taxes délivrées par les officiers du ministère public.

Il s'est élevé la question de savoir si une taxe délivrée par un procureur du roi, au profit de deux individus qui avaient opéré, sur sa réquisition, l'exhumation du cadavre d'une personne dont la mort violente était attribuée à un crime, pouvait être régulièrement acquittée sans avoir été signée par un juge.

M. le garde-des-sceaux, ministre de la justice, à qui il en a été référé, a, par une lettre du 23 mai dernier, résolu affirmativement cette question. Il a fait observer que, dans les expressions *taxe et mandat du juge*, employées par l'art. 133 du décret du 18 juin 1811, le mot *juge* ne doit pas être pris dans son acception rigoureuse, et que, dans le cas où il agit seul, ainsi que la loi l'y autorise pour constater un crime ou un délit flagrant, l'officier du ministère public, remplissant en quelque sorte les fonctions de juge d'instruction, a caractère suffisant pour faire payer comme *frais urgens*, sur son mandat et sa propre responsabilité, les indemnités dues aux personnes dont il a requis les services, si, comme dans l'espèce, elles ne sont pas habituellement employées par les magistrats.

(Circ. Comp. du 12 décembre 1845, n° 65, § 4.)

N° 7.

ÉTAT

Des Sommes payées aux Témoins pendant le mois, par le Receveur de l'Enregistrement.

———

Voir modèle de l'État, 5ᵉ partie, n° 5.

Cet État doit être dressé le premier de chaque mois, en double expédition. L'une est adressée au Directeur, avec les pièces à l'appui, et l'autre au Procureur du Roi de l'arrondissement.

(Circ. Comp., n° 47.)

———

Comme on vient de le voir au n° 6 précédent, les sommes payées aux témoins sont réputées *frais urgens*. Ce sont des indemnités de transport, de présence ou de séjour accordées à celui qui est appelé à témoigner en justice.

Les receveurs de l'enregistrement sont chargés d'acquitter, pour le compte du ministère de la justice, les taxes des témoins cités à la requête du ministère public, en matière de police simple, correctionnelle ou criminelle.

Les taxes doivent être acquittées à l'instant même de leur présentation, sans égard au jour ni à l'heure, c'est-à-dire, d'après la *Circ.* 1332, depuis une heure avant le lever jusqu'à une heure après le coucher du soleil. (*7993 Journal.*)

Il peut être délivré aux témoins indigens, par le président de la cour ou du tribunal du lieu de la résidence, ou par le juge de paix, un mandat provisoire à compte de ce qui pourra leur revenir sur leur indemnité. Le receveur de l'enregistrement acquitte ce mandat sur la quittance du témoin; mais il fait une mention expresse de l'à-compte en marge ou au bas de la copie de la citation.

A la fin de chaque mois, on dresse un état en double expédition des taxes payées aux témoins. On adresse une expédition à la fin de chaque mois au Directeur, avec les taxes 4 à l'appui. La seconde expédition est envoyée au procureur du roi, pour être transmise au ministre de la justice.

Pour former cet état, on rassemble les taxes de même espèce et de somme égale, dans une chemise séparée, sur laquelle on indique le nombre de jours et de myriamètres et de demi-myriamètres parcourus, sans fraction, le montant de la taxe, le nombre et le produit des taxes.

Les taxes comprises dans l'état doivent avoir chacune un numéro d'ordre, qui est porté en tête de la copie de la citation. (5565 *J.*).

Avant de classer chaque taxe, il faut s'assurer si elles sont signées par les parties prenantes; dans ce cas, le § 17 de la *Circ. de la Comp. gén. des Fin.,* n° 44, prescrit de mettre au-dessus de la signature les mots *pour acquit*, afin que cette signature exprime bien qu'elle a pour objet la quittance du montant de cette taxe.

Le classement des taxes exige beaucoup de soin de la part des employés, afin d'éviter de rassembler, dans la même chemise, des taxes qui ne seraient pas toutes de sommes égales, d'indiquer inexactement le nombre des taxes de même valeur après s'être trompés dans leur numérotage, et d'énoncer aussi d'une manière inexacte le montant total des taxes renfermées dans chaque chemise et dans l'état qui fait l'objet de cet article.

Il faut comprendre dans l'état tous les paiemens faits pendant le mois précédent, et ne pas ajourner cette opération dans la vue de réunir les paiemens d'un ou de plusieurs mois à ceux d'un mois subséquent pour n'en dresser qu'un seul et même état. Il faut, pour l'ordre de la comptabilité, qu'il soit fait emploi des dépenses aussitôt après qu'elles sont payées.

Il est bien important de remarquer que toutes pièces de dépense, telles que taxes, etc., présentant, dans leur partie manuscrite, des ratures ou surcharges non approuvées, seraient refusées par le Directeur. Les receveurs ne doivent faire le paiement de ces taxes, et plus tard les adresser à la direction, qu'après régularisation par les signataires.

N° 8,

ETAT

Des Récépissés de Versemens délivrés aux Préposés de l'Administration de l'Enregistrement et des Domaines, par le Receveur particulier des Finances de l'arrondissement, pendant le mois.

Voir modèle de l'État, 5ᵉ partie, n° 6.

Cet état est exclusivement fourni le 2 de chaque mois par les Receveurs de l'Enregistrement des chefs-lieux d'arrondissemens communaux.

(*Inst. gén. du 30 fructidor an II , n° 163.*)

Les versemens doivent être faits régulièrement aux époques prescrites, à la caisse des receveurs généraux ou particuliers des finances, dans l'arrondissement duquel se trouve le bureau, et comprendre la totalité des recettes. Aucune excuse ne peut dispenser les receveurs de cette obligation.

Le receveur d'un chef-lieu, même celui du timbre extraordinaire (*Circ.* 1796), doit verser tous les cinq jours, celui de canton, tous les mois, sous peine de destitution; on ne doit pas attendre ce délai, si les recettes montent à 5,000 fr. ; lorsque l'époque de versement est un jour de repos, on verse la veille. Le Directeur s'assure que ces obligations sont remplies par l'examen de l'état dont nous nous occupons.

En général, tous les receveurs établis dans les chefs-lieux de préfecture et de sous-préfecture, sont autorisés à ne faire leurs versemens que lorsqu'ils ont une somme de 500 fr. et au-dessus, sous la réserve que les versemens auront lieu aux époques actuellement réglées, toutes les fois que la caisse renfermera une somme de 500 fr.

Tout versement en numéraire ou autres valeurs, fait aux caisses des receveurs généraux et particuliers des finances, donne lieu à la délivrance immédiate d'un récépissé à talon. Ce récépissé est libératoire et forme titre envers le trésor public, à la charge toutefois, par la partie versante, de le faire viser dans les vingt-quatre heures par les préfets ou sous-préfets.

Les receveurs de l'enregistrement des chefs-lieux d'arrondissemens communaux se présentent le dernier jour de chaque mois chez le receveur général ou le receveur particulier des finances ; ils font le relevé, article par article, de tous les versemens opérés par les préposés de l'enregistrement, pendant le mois, et l'adressent dans les premiers jours du mois suivant à leurs Directeurs.

OPÉRATIONS PAR TRIMESTRE.

OPÉRATIONS PAR TRIMESTRE.

N° 1er.

ETAT

*Des Droits et Produits constatés à la charge des Redevables
de l'État, pendant le trimestre.*

Des imprimés sont fournis par l'Administration.

**Cet État doit être adressé à la Direction le 1er du mois qui
suivra l'expiration de chaque trimestre ; la minute restera au bureau.**

Comme cet état peut présenter au premier abord
d'assez grandes difficultés aux nouveaux receveurs
et aux surnuméraires, nous allons essayer de bien
démontrer la différence qui existe entre les différentes espèces de droits constatés.

Les contributions et revenus publics qui se per-
çoivent par les préposés de l'enregistrement et des
domaines, sont divisés en deux classes : la première
comprend les droits et produits qui sont recouvrés
aussitôt après avoir été constatés et liquidés ; la seconde se compose des droits et produits dont le recouvrement ne suit pas immédiatement la reconnaissance et la liquidation.

Les droits et produits de la première classe appartiennent à l'exercice qui prend son nom de l'année pendant laquelle ils sont tout-à-la-fois constatés, liquidés et recouvrés. Ceux de la seconde s'appliquent à l'exercice auquel donne son nom l'année pendant laquelle ils ont été constatés et liquidés, ou sont devenus exigibles, soit qu'ils aient été recouvrés dans la même année ou dans les neuf premiers mois de l'année suivante.

Sont rangés dans la classe des droits, revenus, capitaux et autres sommes, considérés comme constatés et définitivement liquidés, savoir :

1° Les droits simples et en sus résultant soit de simulations de prix dans les contrats translatifs de biens immeubles à titre onéreux, soit d'insuffisance dans l'évaluation du revenu d'immeubles transmis à tout autre titre qu'à titre onéreux, lorsque ces simulations ou insuffisances sont constatées par procès-verbal d'expertise homologué, ou sont reconnues par des soumissions souscrites par les parties, et approuvées par le directeur et l'administration ;

Les supplémens de droits d'enregistrement et de greffe dus en vertu de condamnations judiciaires, et les amendes de contraventions aux lois sur l'enregistrement, le timbre et les greffes, lorsqu'elles auront été prononcées par jugement en cas de contestation, réduites ou maintenues par des décisions ministérielles ;

2° Les droits d'hypothèques susceptibles d'être mis immédiatement en recouvrement ;

3° Les amendes de condamnation de toute nature, celles pour délits forestiers, les frais et dépens relatifs à ces amendes, les dommages-intérêts adjugés à l'état, les frais de justice criminelle ou militaire, et les frais de poursuites et d'instances concernant l'administration ;

4° Les revenus des domaines de l'état pour les termes échus, les arrérages de rentes, les créances exigibles, les droits de pêche dus en vertu de baux ou de licences, les prix de vente de mobilier de l'état, les épaves, deshérences et biens vacans dont les produits sont exigibles ;

5° Les sommes dues sur les domaines et bois engagés ou échangés, les prix de vente de domaines de l'état ;

6° Les débets provenant des résultats de vérifications de régies définitivement réglés, et les autres produits accidentels exigibles ;

7° Les produits des bois de l'état pour lesquels il n'est pas souscrit de traites ;

8° Les prix de vente d'objets mobiliers et de biens immeubles provenant des ministères.

Maintenant que nous avons établi en deux classes bien distinctes les perceptions confiées aux préposés de l'enregistrement et des domaines, nous allons procéder à la confection de l'état.

Dans la première colonne de cet état, ayant pour titre : *droits au comptant*, on porte le produit de tous les registres de formalité, et des registres de recettes pour le compte de l'état, *autres que ceux des droits et produits constatés*. Il faut bien faire attention de ne pas porter dans la première colonne *aux droits d'enregistrement*, le total de la récapitulation générale pages 14 et 15 du livre de dépouillement, sans en avoir déduit préalablement les droits constatés d'enregistrement qui doivent être portés dans la seconde colonne.

La deuxième colonne présente le montant de tous les droits et produits *consignés* pendant le trimestre, sur tous les sommiers des droits constatés à recouvrer.

Nous n'avons pas besoin de dire qu'avant de faire cet état, on doit établir la situation régulière des sommiers jusqu'au dernier jour de chaque trimestre. C'est ce travail qui sert de base pour remplir la seconde colonne de l'état.

Dans la sixième colonne figurent tous les recouvremens ou recettes effectués pour le trésor depuis le commencement de l'exercice, d'après les registres de formalités et tous les registres de recette, y compris ceux des droits et produits constatés, ou pour parler plus clairement, toutes les recettes portées au sommier de dépouillement.

La différence entre le montant de cette colonne

et celui de la cinquième formera le restant à recouvrer sur les sommiers des droits et produits constatés, qui sera porté dans la septième et dernière colonne.

Il est bien entendu qu'on ne fait pas entrer dans cet état les droits et produits consignés sur les sommiers autres que ceux des droits et produits constatés, et tels que le sommier des droits certains, celui des découvertes, et autres.

N° 2.

ÉTAT

*Des Papiers et Impressions timbrés à envoyer au Receveur
pendant le trimestre.*

Des Imprimés sont fournis par l'Administration.

**Cet État doit être adressé à la Direction le 1ᵉʳ du mois
qui suivra l'expiration de chaque trimestre.**

Il est tenu, pour la débite du timbre, un registre spécial sur lequel le receveur établit, à la fin de
chaque mois, la situation des papiers timbrés.
Cette situation n'a pas pour but seulement de faire
connaître les produits de la débite, mais encore de
montrer ce qui reste en nature. Tous les trois mois
les receveurs doivent adresser leur demande de papiers et impressions timbrés, au directeur, sur
l'état qui leur est adressé, à cet effet, par l'administration. La première colonne, qui contient le
restant en nature, est remplie en copiant le résultat
de l'opération établie sur le registre du timbre, le
dernier jour de chaque trimestre ; la seconde colonne contient les quantités demandées. D'après
une note mise au bas de l'état, on voit que l'appro-

visionnement doit être pour neuf mois , au premier jour de chaque trimestre.

Il peut arriver qu'ayant peu débité de timbre dans un trimestre, il soit inutile de s'approvisionner pour le trimestre suivant; dans ce cas, l'état ne contiendra que les quantités restant en nature, et le receveur certifiera que sa demande est négative. Aucune instruction de l'administration ne prescrit d'adresser , dans ce cas, un certificat négatif ; mais cette mesure est adoptée dans presque toutes les directions, afin que le garde-magasin puisse avoir des données positives sur les quantités restant en nature, et aviser à son approvisionnement.

N° 3.

ÉTAT

Des impressions demandées par le Receveur.

—————

Des imprimés sont fournis par l'Administration.

Cet État doit être adressé à la Direction le 1ᵉʳ du mois qui suivra l'expiration de chaque trimestre.

—————

Cet état comprend deux parties : La première, les *impressions reliées*, et la seconde, les *impressions en feuilles*. Les impressions reliées sont tous les registres, journaux, sommiers et tables qui sont utiles au service des bureaux. Il est important d'avoir toujours en blanc un registre au moins de chaque espèce. Il peut arriver, en effet, que dans un trimestre on ait à enregistrer un grand nombre d'actes et à recevoir beaucoup de déclarations de mutations par décès, que ces actes et déclarations prennent chacun plusieurs folios, et que les registres soient terminés en peu de temps. Dans ce cas, si l'on n'avait pas d'autres registres, on se trouverait dans l'obligation de faire une demande spéciale, au milieu d'un trimestre, ce qui nuit toujours à la marche régulière de la direction, et ce qui peut avoir de fâcheuses conséquences, relativement à la formalité à donner aux actes et déclarations.

Quant aux sommiers et aux tables, il est recommandé, par une note mise en tête de l'état, de n'en demander qu'après l'entier épuisement des anciens volumes, au moyen de renvois aux folios en blanc.

Relativement aux impressions en feuilles, on ne doit demander que les quantités qui sont nécessaires au service du bureau.

N° 4.

TABLEAU

De la situation des Sommiers et Comptes ouverts, contenant le précis des Opérations extraordinaires du Receveur.

Des imprimés sont fournis par l'Administration.

Ce Tableau doit être adressé à la Direction dans les dix premiers jours de chaque trimestre, en triple expédition.

Les sommiers sont des registres contenant la consignation des articles à faire payer.

Ils sont divisés en deux catégories. La première comprend les *sommiers des droits constatés*, au nombre de huit, et la seconde les *autres sommiers,* au nombre de huit également. La première colonne du tableau contenant la désignation de tous ces sommiers, il est inutile d'en donner ici le détail.

Les receveurs de l'enregistrement doivent rendre compte, tous les trois mois, au moyen du tableau ci-dessus, prescrit par l'instruction 1318, de leur travail pour la rentrée des articles consignés sur ces sommiers.

Voici la marche à suivre pour remplir convenablement ce tableau.

A la fin de chaque trimestre, on établit la situation sur chacun des sommiers en particulier.

Au vu de la dernière situation, on prend le nombre et le montant des articles qui restaient à apurer au premier jour du trimestre, on compte combien et pour quelle somme on a consigné d'articles pendant le trimestre, on forme ainsi le total des articles à recouvrer ; on prend ensuite sur le registre de recette correspondant le nombre des articles et le montant des sommes payées pendant le trimestre, on retranche ce nombre et ce montant de ceux à recouvrer au dernier jour du trimestre, et le résultat de cette opération doit donner exactement le nombre et le montant des articles restant à recouvrer au dernier jour du trimestre.

On procède de même pour tous les sommiers des droits constatés. Quant aux autres sommiers, tels que le *sommier certain*, celui *des découvertes*, etc., etc., comme ils n'ont pas de registre correspondant et que par conséquent on n'a pas, à leur égard, le même moyen de contrôle, il faut apporter un soin scrupuleux pour établir leur situation.

Au surplus, pour que cette opération soit exactement faite sur tous les sommiers, il est indispensable que le montant des articles payés pendant le trimestre et celui des articles restant à recouvrer au dernier jour du trimestre , offrent une somme égale à celle qu'il y avait à recouvrer.

Ce travail achevé , on possède tous les élémens pour remplir le tableau qui n'est plus, en définitive, que la reproduction des situations particulières mises sur chaque sommier.

La colonne d'observations sert à faire connaître les causes qui retardent l'apurement des articles. Il ne faut pas se borner à une simple observation générale mise vis-à-vis chaque sommier , telle que : *sans espoir de recouvrement*, ou bien *les articles restant concernent des indigens.* Ces simples notes ne peuvent servir à faire apprécier le travail du receveur , ni à mettre l'administration à même de connaître au juste le sort probable des articles restant à recouvrer , parce qu'étant aussi générales , ces observations semblent mises pour la circonstance , et pour éviter un travail d'appréciation plus explicite.

Voici un exemple qui pourra donner la manière de mentionner les causes qui retardent l'apurement des articles.

Prenons les amendes de condamnations et perceptions diverses , et supposons qu'il reste à recouvrer 29 articles , montant à 1260 fr.

<table>
<tr><td colspan="2">ARTICLES
Qui restent à apurer au dernier jour du trimestre.</td><td>OBSERVATIONS
Dans lesquelles on fera connaître les causes qui retardent l'apurement des articles.

On ne portera pas les fractions de franc dans ce tableau.</td></tr>
<tr><td>NOMBRES.</td><td>SOMMES.</td><td></td></tr>
<tr><td rowspan="5">29</td><td rowspan="5">1,260 f.</td><td>15 De ces articles, montant à 960 fr., appartiennent à l'exercice précédent, deux seront payés par à compte, cinq concernent des individus notoirement indigens (les certificats sont au bureau). Quant aux huit autres, il va être pris de nouveaux renseignemens près des maires, et il sera dirigé des poursuites, s'il y a lieu, ci. 960 fr.</td></tr>
<tr><td>5 articles viennent d'être consignés dans les quinze derniers jours du trimestre ; des avertissemens ont été adressés. Le peu de temps qui s'est écoulé depuis n'a pas permis d'en opérer le recouvrement. Ces articles montent à . . . . 104 fr.</td></tr>
<tr><td>4 articles, montant à 98 fr., concernent des indigens ; quatre certificats d'indigens en règle sont annexés à ces articles, ci. 98 fr.</td></tr>
<tr><td>1 article, montant à 74 fr., est dans ce moment l'objet des poursuites du receveur. Un commandement a été fait au débiteur, qui a promis de se libérer prochainement, ci. . . . . 74 fr.</td></tr>
<tr><td>4 articles, montant à 24 fr., concernent des individus peu à l'aise, qui ont demandé un délai d'un mois pour se libérer, ci. . . . . 24 fr.</td></tr>
<tr><td>29</td><td></td><td>Total égal. . . 1,260 fr.</td></tr>
</table>

Amendes de condamnation et perceptions diverses.

On procède de même à l'égard de tous les sommiers, et, de cette manière, il est impossible que l'administration n'apprécie pas le zèle des receveurs pour la rentrée des sommes dues à l'Etat.

Le verso de la première feuille du tableau a rapport aux tables, aux notices de décès, au sommier de la contribution foncière, au sommier d'ordres, aux mercuriales et extraits de jugemens; nous ne donnerons aucune explication pour remplir ces divers tableaux, parce qu'ils sont dressés de manière à ne laisser aucun doute à cet égard. Nous ferons seulement remarquer que, quant *aux extraits de jugemens* à porter dans le dernier tableau, il faut que le nombre, porté dans la cinquième colonne, soit exactement pareil au nombre porté dans la troisième colonne du tableau de la situation des sommiers, relative aux amendes.

· DÉCOUVERTES.

Il est de l'intérêt des receveurs de remplir le tableau des découvertes avec le plus grand soin ; puisqu'il a pour objet spécial de mettre sous les yeux de l'administration et de lui faire voir du premier coup d'œil le nombre et l'importance des découvertes faites pendant le trimestre, et des résultats qui ont été recouvrés.

La contexture et la tête de l'état dispensent de toute explication sur la manière de remplir chacune de ces colonnes.

PRÉCIS DES OPÉRATIONS EXTRAORDINAIRES
DU RECEVEUR.

Le premier objet dont on doit rendre compte, c'est la comparaison des produits du trimestre avec ceux du trimestre correspondant de l'année précédente. On doit énoncer succinctement les causes d'augmentation et de diminution de ces produits.

En général, dans ce précis, on s'explique à l'égard des opérations qui ne laissent pas de traces, et dont les employés supérieurs ne pourraient constater la réalité qu'au moyen de recherches à l'extérieur. Ainsi, on annonce si l'on a relevé toutes les contraventions que les actes présentaient ; si les répertoires des officiers publics ont été comparés avec les registres de formalité ; et si la remise des imprimés pour notices de décès a été faite à tous les maires des communes dépendant du bureau.

On rend compte des opérations extérieures auxquelles on s'est livré dans les dépôts publics et ailleurs ; et si des contraventions ont été constatées, on doit les énoncer succinctement et donner les noms des contrevenans.

On doit dire si l'on a exercé sa surveillance sur les ventes publiques de meubles, combien de contraventions on a relevé, si l'on assiste de temps en temps, autant que le service le permet, aux ventes publiques.

On rend compte de la tenue du sommier de la contribution foncière, s'il est au courant, et s'il est souvent l'objet du travail du receveur pour la recherche des mutations secrètes.

Les moyens employés pour les découvertes, devant être connus par l'admnistration, on les énonce en même temps que le nombre et l'importance des découvertes faites pendant le trimestre. Cette partie du précis des opérations extrordinaires du receveur, est la plus importante, en ce qu'elle sert la plupart du temps de base au Directeur et à l'administration, dans le classement des employés par ordre de mérite. Il faut donc présenter le mieux possible, l'importance exacte des découvertes, en restant, toutefois, dans les termes d'une modestie convenable.

N° 5.

ÉTAT

Des Sommes à payer aux Sous-Officiers et Gendarmes, pour le tiers à eux attribué par l'art. 115 du décret du 16 décembre 1811, des Amendes en matière de Grande-Voirie qui ont été recouvrées, par suite de Condamnations prononcées sur leurs procès-verbaux, pendant le trimestre.

Voir modèle de l'État, 5ᵉ partie, n° 7.

Cet État doit être adressé à la Direction dans les dix premiers jours de chaque trimestre.

Les amendes de grande voirie sont prononcées par l'autorité administrative, pour toutes espèces de détériorations sur les grandes routes, canaux, rivières navigables, etc.

Les contraventions sont constatées concurremment par les gendarmes et par les agens des ponts-et-chaussées, etc.

Le tiers de ces amendes est attribué à l'agent qui a constaté le délit, un tiers à la commune du lieu du délit, et un tiers à l'administration des ponts-et-chaussées.

Ces portions d'amendes, que l'on peut appeler *gratifications,* sont payées aux agens des ponts-et-chaussées ou autres, sur leur acquit; nous nous en occuperons plus loin en parlant de l'état qui les concerne. Quant aux sous-officiers et gendarmes qui ont procédé aux opérations qu'elles ont pour objet de salarier, M. le ministre des finances a décidé, qu'à partir du premier janvier 1837, les sommes leur revenant seraient ordonnancées au nom des conseils d'administration sur des états nominatifs de ces sous-officiers et gendarmes, indiquant les brigades dont ils font partie, et visés par le sous-intendant militaire, chargé de la surveillance des compagnies de gendarmerie.

Ainsi, les receveurs établissent, dans les dix premiers jours de chaque trimestre, les états des sommes à payer pour les portions d'amendes dont il s'agit, conformément au modèle sus-indiqué.

Comme pour chaque département il y a un conseil d'administration de gendarmerie, il est nécessairement utile de faire autant d'états qu'il y aura d'amendes recouvrées par suite de condamnations prononcées sur les procès-verbaux des sous-officiers et gendarmes de chaque département.

La quotité de l'attribution n'est pas classée comme pour la police de roulage, elle ne varie pas, elle est toujours du tiers des amendes (non compris le décime) déduction faite des 5 p. 0/0 pour frais de régie, et des frais de poursuite tombés en non-valeur. Ainsi, sous ce rapport, on ne peut craindre aucune fausse interprétation , puisque *dans tous les cas* l'attribution est du *tiers* et la déduction de 5 p. 0/0.

C'est au vu du registre de recettes des amendes que cet état, de même que celui des amendes de police du roulage, est dressé. Le sommier des amendes ne doit pas lui servir de base, car les attributions ne sont dues que sur les amendes recouvrées.

Ceci a été expliqué, afin de ne laisser aucune incertitude à cet égard dans l'esprit des surnuméraires et aspirans surnuméraires.

N° 6.

ÉTAT

Des Recettes faites pendant le trimestre sur les Amendes de Grande-Voirie.

Voir modèle de l'État, 5ᵉ partie, n° 8.

Cet État doit être adressé à la Direction dans les dix premiers jours de chaque trimestre.

Il n'y a pas que les gendarmes qui constatent les contraventions à la police de la grande-voirie.

Une loi du **29** floréal an X, porte :

« ART. 1ᵉʳ. — Les contraventions en matière de
» grande-voirie, telles qu'anticipations, dépôts de
» fumiers ou d'autres objets, et toutes espèces de
» détériorations commises sur les grandes routes,
» sur les arbres qui les bordent, sur les fossés,
» ouvrage d'art et matériaux destinés à leur entre-
» tien, sur les canaux, fleuves et rivières naviga-
» bles, leurs chemins de halage, francs-bords,
» fossés et ouvrages d'art, seront constatées, repri-
» mées et poursuivies par voie administrative.

» ART. 2. — Les contraventions seront consta-
» tées concurremment par les maires ou adjoints,
» les ingénieurs des ponts-et-chaussées, leurs con-

» ducteurs, les agents de la navigation, les com-
» missaires de police, et par la gendarmerie. »

A l'égard du tiers des amendes revenant aux agens, *autres que les gendarmes*, il doit être fait un état particulier, conformément au modèle joint à l'instruction 801.

On voit, par la contexture de cet état, qu'il est bien différent de celui qui est dressé pour la gendarmerie. Ils n'ont entr'eux d'autre analogie que *l'attribution*.

Dans les dix premiers jours de chaque trimestre, on dresse, *au vu du registre de recette*, autant d'états qu'il y a d'agens ayant droit aux artributions dont s'agit.

Quant au tiers revenant aux communes, l'état est le même que pour les agens dont nous venons de parler, on ne change rien à ses colonnes (*Inst.* 801).

Il est fait, bien entendu, un état par chaque commune.

N° 7.

ÉTAT

*Des Sommes à payer aux Sous-Officiers et Gendarmes,
pour les Attributions qui leur sont accordées par le décret
du 23 juin 1806, sur les Amendes en matière de Roulage,
qui ont été recouvrées pendant le trimestre, par suite de
procès-verbaux de contravention par eux rapportés.*

Voir le modèle de cet État, 5ᵉ partie, n° 9.

**Il doit être adressé à la Direction dans les dix premiers
jours de chaque trimestre.**

Les amendes de contravention à la police du
roulage sont prononcées sans frais par les conseils
de préfecture.

Il est attribué aux agens qui out constaté les
contraventions 1° *le quart* sur les amendes, 2° et *la
moitié* sur les dommages (non compris le décime
pour franc), déduction faite de 3 p. 0ǀ0 pour frais
de régie (1); lorsqu'il y a eu consignation de l'a-

---

(1) Il s'est glissé une erreur dans la nomenclature des pièces à produire
à l'appui des ordonnances et mandats de paiement qui fait suite au règlement du 26 janvier dernier, sur la comptabilité des dépenses du ministère des finances, et dont on a adressé à tous les receveurs un exem-
plaire.

Ainsi, le § 992, relatif *aux amendes de police de roulage,* dit que la déduction à faire *pour frais de régie est de cinq pour cent.*

C'est une erreur : la déduction à faire pour frais de régie de l'admi-

mende par les contrevenans, outre la déduction de 3 p. 0/0 pour frais de régie, on déduit encore 2 1/2 p. 0/0 pour la remise du receveur municipal.

La Circulaire de la Comptabilité générale des Finances du 3 octobre 1836, n° 41, a tracé le mode à suivre par les receveurs, relatif au paiement des sommes dues aux sous-officiers et gendarmes, pour les attributions dont on vient de parler, qui leur sont accordées par le décret du 23 juin 1806, sur les amendes en matière de roulage qui ont été *recouvrées* pendant chaque trimestre.

Dans les dix premiers jours de chaque trimestre, les receveurs dressent ces états, *pour les sous-officiers et gendarmes,* en autant de doubles qu'il y a de départemens où ils résident, en suivant exactement toutes les indications de l'imprimé.

Quoique nous sortions un peu du cadre que nous nous sommes tracé, il n'est pas inutile, pour l'instruction spéciale des surnuméraires et aspirans-surnuméraires, d'entrer dans quelques détails, afin de bien leur faire comprendre la marche à suivre, lorsque des amendes auront été recouvrées dans un

nistration de l'enregistrement et des domaines sur les parts d'amendes de la police du roulage attribuées aux préposés ou agens qui ont constaté les contraventions, n'est que de 3 p. 0/0, suivant la décision du ministre du 22 janvier 1840, transmise par l'instruction n° 1604, et à laquelle il n'a pas été dérogé.

(Circ. de la Compt. du 22 août 1846, n° 68 du Bureau.)

autre département que celui où la condamnation a été prononcée. Dans ce cas, la portion attribuée à l'agent sera acquittée par virement, pour le compte du receveur qui aura fait la recette, par le receveur du domicile de l'agent, ou par le receveur du chef-lieu du département où siége le conseil d'administration de gendarmerie.

Ainsi, lorsqu'un mandat de paiement, appuyé de l'état qu'il a dressé, parvient au receveur, la première chose est de le viser sans opposition, s'il y a lieu ; puis on l'adresse immédiatement, avec les pièces à l'appui, par l'entremise de la direction, au receveur qui doit faire le paiement avec une lettre par laquelle on le prie d'effectuer le paiement dudit mandat par virement, conformément à la Circulaire de la Comptabilité du 20 novembre 1833, n° 33.

On suit la même marche relativement aux amen-des de grande voirie.

N° 8.

ÉTAT

Des Amendes concernant la police du Roulage, attribuées aux Employés des Ponts-et-Chaussées et aux Préposés aux Ponts à Bascule, dont le Recouvrement a été fait au bureau pendant le trimestre.

―――――

Voir modèle de l'État, 5ᵉ partie, n° 10.

Cet État doit être adressé à la Direction dans les dix premiers jours de chaque trimestre.

―――――

Cet état diffère de celui qui concerne la gendarmerie ; il est donc important de ne pas les confondre. Les gendarmes ne reçoivent pas individuellement, comme nous l'avons dit à l'article *grande voirie,* c'est le conseil de gendarmerie qui reçoit pour eux ; quant *aux autres agens*, ils reçoivent individuellement sur leur acquit, le montant de leurs attributions. Ces attributions sont les mêmes que pour les gendarmes : un quart sur les amendes et la moitié sur les dommages, (non compris le décime pour franc) déduction faite de 3 p. 0/0 pour frais de régie.

Comme ces attributions sont payées individuellement, Il faut faire autant d'états qu'il y a d'agens rapporteurs de procès-verbaux.

Il n'est pas inutile de donner une petite explication au sujet de la *quotité de l'attribution;* l'instruction 345 dit bien qu'elle sera du *quart* sur les amendes, et de *moitié* sur les dommages; mais elle ne précise pas bien positivement quelles sont les contraventions qui donneront lieu à l'application de *l'amende* et celles qui donneront lieu à l'application des *dommages.* Si les lois et règlemens concernant les routes avaient statué que les contrevenans paieraient une amende, et en outre *des dommages,* la difficulté ne se présenterait pas ; mais ces lois et règlemens, pour réprimer les contraventions, n'ont prononcé *pour chaque délit qn'une seule peine,* sur la dénomination de laquelle on peut varier, encore bien qu'on l'ait désignée dans la loi du 7 ventose an **XII**, comme indemnité du dommage. Ainsi, les conseils de préfecture condamnent toujours à l'*amende* pour toutes espèces de contraventions ; l'extrait de l'arrêté adressé au receveur, porte le mot *amende,* même quand la condamnation serait prononcée pour *jantes étroites,* et il peut en résulter qu'au moment de la confection des états, les surnuméraires en intérim se trouvent embarrassés.

Pour éviter des recherches, voici les contraventions dont la nature emporte l'amende :

Contraventions à la longueur des essieux ;
     id.   sur l'effet des clous des bandes ;
     id.   défaut de plaque ;

Et celle qui donne lieu à l'application des dommages :

Les jantes étroites.

Ainsi, quand on fait son état, le premier objet sur lequel on doit porter son attention, c'est la nature de la contravention ; si l'amende est prononcée pour *jantes étroites*, elle est considérée comme indemnité du dommage, et la moitié doit revenir à l'agent ; si elle est, au contraire, prononcée pour toute autre espèce de contravention, elle doit être considérée comme véritable amende, et le quart seulement doit être attribuée à l'agent.

N° 9.

ÉTAT

Des Sommes à payer aux Sous-Officiers et Gendarmes, pour la moitié à eux attribuée par le décret du 16 messidor an XIII et la décision du Ministre des Finances du 14 février 1817, des Amendes de Contravention au Timbre des Lettres de Voiture qui ont été recouvrées sur leurs procès-verbaux, pendant le trimestre.

Voir modèle de l'État, 5ᵉ partie, n° 11.

Cet État doit être adressé à la Direction dans les dix premiers jours de chaque trimestre.

Tous les trois mois, les receveurs dressent cet état en autant de doubles qu'il y a de départemens où résident les sous-officiers et gendarmes qui ont constaté les contraventions. Il leur est attribué la moitié des amendes (non compris le décime pour franc). Il convient de remarquer qu'il n'y a aucune déduction à faire pour frais de régie ou autres. L'état sera certifié et les sommes seront portées en toutes lettres au bas de l'état, ainsi qu'il est prescrit par la circulaire précitée.

N° 10.

ÉTAT

*Des Sommes à payer aux Préposés des Contributions indi-
rectes et des Octrois, pour les Attributions qui leur sont
accordées par le décret du 16 messidor an XIII, sur les
Amendes des Contraventions constatées par eux, au
Timbre des Lettres de Voiture, Connaissemens, Chartes-
Parties et Polices d'assurances des Marchandises recouvrées pendant le trimestre.*

Voir modèle de cet État, 5ᵉ partie, n° 12.

**Cet État doit être adressé à la Direction dans les dix pre-
miers jours de chaque trimestre.**

Le décret du 16 messidor an XIII a autorisé les préposés des douanes, des contributions indirectes et
des octrois, à constater les contraventions au timbre
des lettres de voiture, connaissemens, chartes-
parties et polices d'assurances des marchandises,
et leur a accordé la *moitié* des amendes payées par
les contrevenans.

D'après les instructions, numéros 325 et 575,
le paiement de la portion d'amende attribuée était
fait individuellement aux préposés qui ont rapporté les procès-verbaux de contravention. Mais, par
des considérations qu'il ne nous appartient pas de
discuter, l'administration des contributions indi-

rectes a demandé que le paiement en fût effectué, non plus aux préposés individuellement, mais au receveur principal des contributions indirectes de l'arrondissement.

Une mesure semblable a été proposée relativement aux portions d'amendes revenant aux préposés des octrois.

En conséquence, M. le ministre des finances a décidé, le 19 juin 1841, que les portions d'amendes attribuées aux préposés des contributions indirectes par le décret du 16 messidor an XIII, seront versées à la caisse du receveur principal de l'arrondissement ; que le versement des sommes revenant au même titre aux préposés des octrois sera effectué à la caisse du receveur des octrois.

Ces quelques explications étaient nécessaires avant d'entrer dans les détails du travail des receveurs de l'enregistrement chargés de la perception des amendes dont il s'agit.

Dans les dix premiers jours de chaque trimestre, les receveurs de l'enregistrement doivent former, d'après les registres de recette, des états spéciaux, conformes au modèle joint à la circulaire du Directeur général du 19 avril 1806. Toutefois, des états distincts et séparés seront formés pour les préposés des contributions indirectes et pour ceux des octrois ; l'état concernant l'une ou l'autre classe des préposés sera joint à l'appui du mandat délivré au profit, soit du receveur principal des contributions indirectes, soit du receveur des octrois. — Ainsi expliqué, il ne doit rester aucun doute relativement à la formation de ces états distincts.

Il peut arriver quelquefois qu'une contravention aura été constatée concurremment par des agens des deux services ; dans ce cas, la forme de l'état ne devra pas être changée, et la seule opération à faire sera de porter la part d'amende afférente à chaque préposé dans l'état des sommes attribuées au service auquel il appartiendra.

L'administration des contributions indirectes a demandé que des *doubles* des états spéciaux dont il s'agit fussent remis au receveur des contributions indirectes ou des octrois, pour servir de base à la répartition du produit des attributions entre les préposés par lesquels les contraventions ont été constatées. L'instruction générale du 28 février 1844, numéro 1706, a prescrit aux receveurs de l'enregistrement de rédiger ces états en *double original* ; l'un restera annexé au mandat délivré au profit du receveur des contributions indirectes ou des octrois ; l'autre sera remis à ce receveur pour servir de pièces justificatives de la répartition entre les préposés qui ont rapporté les procès-verbaux de contravention.

Les procès-verbaux et les lettres de voiture qui y ont donné lieu, doivent être adressés en même temps que les états à la direction. Il est bon de disposer ces états en chemise, afin d'y renfermer les pièces. L'instruction sus rappelée ne prescrit pas ce mode, mais nous le conseillons, afin d'éviter la confusion des pièces entr'elles, et parce qu'il peut faciliter l'examen à faire à la direction.

N° 11.

ÉTAT

Des Sommes à payer aux Préposés des Douanes, pour les Contraventions qu'ils constatent en matière de Timbre des Lettres de Voiture, Connaissemens, Chartes-Parties et Polices d'Assurances des marchandises.

Voir modèle de cet État, 5ᵉ partie, n° 13.

Cet État doit être adressé à la Direction dans les dix premiers jours de chaque trimestre.

Conformément à la décision de M. le ministre des finances du 19 juin 1843, transmise par l'instruction numéro 1691, les sommes attribuées aux préposés des douanes sur les amendes de contravention au timbre des lettres de voiture, connaissemens, etc., doivent être versées par le receveur de l'enregistrement à la caisse du receveur des douanes, au lieu d'être, comme précédemment, payées individuellemeut aux préposés qui ont constaté les contraventions.

A l'appui des mandats délivrés au profit du receveur des douanes, sont joints des états spéciaux de recouvremens prescrits par la circulaire du 19 avril 1846.

Les sommes ainsi versées à la caisse des douanes

font l'objet d'une répartition entre les préposés. D'après les règles de la comptabilité, cette répartition doit être appuyée d'une pièce indiquant l'origine et le montant de la somme à répartir. L'administration des douanes a demandé que, pour servir de pièces justificatives, il lui fût remis un double de l'état des recouvremens, conforme au modèle prescrit par la circulaire précitée.

Les receveurs de l'enregistrement dressent ces états en double original; l'un est annexé au mandat délivré au profit du receveur des douanes; l'autre est remis à ce receveur, pour servir de pièces à l'appui de la répartition, entre les préposés des douanes.

Quand nous disons que ces états sont remis au receveur des douanes, nous n'entendons pas dire qu'ils leur sont remis par les receveurs de l'enregistrement; ceux-ci les adressent à leur Directeur, qui est chargé de les faire parvenir à qui de droit.

N° 12.

ÉTAT

*Des Recettes effectuées pendant le trimestre, sur les Confis-
cations et Amendes prononcées pour Contraventions aux
Lois et Règlemens maritimes, et attribuées à la Caisse
des Invalides de la Marine.*

Voir modèle de l'État, 5ᵉ partie, n° 14.

**Cet État doit être adressé à la Direction dans les dix pre-
miers jours de chaque trimestre.**

Le produit des amendes et confiscations *légale-
ment prononcées* pour contraventions aux lois et règlemens maritimes, n'est pas attribué aux agens
qui ont rapporté les procès-verbaux de contravention, mais à la caisse des invalides de la marine.

Il faut remarquer que la caisse des invalides de
la marine n'a pas seulement droit à une *portion* de
l'amende ou confiscation ; elle a droit à la *totalité*
(non compris le décime de l'amende) et déduction
faite, toutefois, de cinq pour cent pour frais de
régie.

Les receveurs de l'enregistrement qui ont effectué
des recettes attribuées à la caisse des invalides de la
marine, adressent à la fin du trimestre, au Direc-

teur du département, un état en *double expédition*, conformément au modèle indiqué en tête de cet article, présentant le détail de ces recettes et la somme revenant nette à la caisse des invalides, après les déductions dont nous venons de parler.

Il est important de savoir quelles sont les condamnations dont le produit est attribué à la caisse des invalides de la marine. Ce sont toutes celles contraires aux lois et règlemens maritimes dont l'exécution est restée spécialement confiée aux agens du département de la marine; tels que l'ordonnance de 1681, et les ordonnances, règlemens déclarations royales, etc., concernant soit la pêche en mer, et dans les limites de l'inscription maritime, soit la police de la navigation et des parcs et pêcheries; l'ordonnance du 31 octobre 1784, relative aux classes; les arrêtés des 9 ventose an IX et 2 prairial an II, et le décret du 12 avril 1811, sur les prises faites par les bâtimens de l'état, les armemens en cours ou lettres de marque; le décret du 12 décembre 1806 sur le service du pilotage; l'ordonnance du 13 mai 1818 sur la pêche au chalus, et l'ordonnance du 21 novembre 1821 sur la police de la pêche de la morue à l'île de Terre-Neuve.

Au surplus, on distinguera facilement quelles sont les condamnations dont le produit est attribué, attendu que les contraventions qui y donnent lieu sont toujours poursuivies à la requête ou sur la plainte des administrateurs de la marine.

Il importe de ne pas confondre avec ces condamnations les amendes et confiscations prononcées pour le fait d'achat en mer de poisson provenant de la pêche étrangère, et qui ont été l'objet de l'instruction numéro 1478. Ces contraventions, prévues par les ordonnances du roi des 14 août 1816 et 27 septembre 1826, sont constatées par les syndics de la pêche et par les préposés des douanes ; les amendes dont elles sont passibles, rentrent dans la classe ordinaire des amendes de police correctionnelle, et par conséquent ne sont nullement attribuées à la caisse des invalides de la marine.

N° 13.

ÉTAT

Détaillé du produit des Ventes d'Objets mobiliers et de la Location des Bâtimens et Terrains dépendant du Ministère de la Marine, pendant le trimestre.

Voir modèle de l'État, 5e partie, n° 15.

Cet État doit être adressé à la Direction dans les dix premiers jours de chaque trimestre.

(*Circ. Comp. gén. des Finances du 28 décembre 1830, n° 18.*)

Un arrêté du Gouvernement, du 13 prairial an X, inséré au bulletin des lois, sous le n° 1649, a réglé le mode de vente *des effets de la marine* inutiles ou hors d'état d'être employés au service. Nous ne nous occuperons pas des formalités à remplir relativement à ces ventes : parlons seulement de l'état à dresser de leur produit.

Les receveurs adressent à leur directeur, tous les trois mois, un état dont le modèle est indiqué ci-dessus.

La quatrième colonne de l'état doit contenir la désignation des objets vendus. Par ce mot, il ne faut pas entendre le détail de la vente ; on ne fait qu'un seul article par chaque vente, et cette colonne n'est remplie que par *la désignation de la nature des objets vendus.*

Voilà pour la première partie de cet état ; quant à la seconde , relative *à la location des bâtimens et terrains maritimes,* son produit est porté sur le même état , en suivant toutes les indications qu'il prescrit. Il est important que cet état présente les mêmes résultats que ceux énoncés dans le bordereau des recettes et des dépenses du dernier mois de chaque trimestre.

D'après la décision ministérielle , transmise par l'instruction n° 1314 , la Comptabilité générale des Finances a été chargée de remettre aux ministres de la guerre et de la marine, chacun , en ce qui le concerne , les états du produit des ventes d'objets mobiliers , et des locations des bâtimens et terrains dépendant de leurs ministères ; les receveurs de l'enregistrement sont, en conséquence, dispensés de fournir l'état relatif au ministère de la guerre ; mais M. le ministre de la marine désirant continuer de recevoir les mêmes informations de l'administration de l'enregistrement , les receveurs continuent de dresser celui relatif aux produits de l'espèce qui se rattachent à son département.

N° 14.

ÉTAT

Des Poursuites exercées contre les Délinquans forestiers insolvables, pour être incarcérés.

Voir modèle de l'État, 5ᵉ partie, n° 16.

Cet État doit être adressé à la Direction dans les dix premiers jours de chaque trimestre.

(*Instructions générales*, nᵒˢ 1131, 1138, 1164, 1168, 1299, 1378 et 1456.)

Le texte du règlement arrêté par M. le ministre des finances le 12 avril 1834, relatif aux poursuites en matière de délit forestiers, fera mieux comprendre que toutes les explications le but et la nécessité de cet état.

Ce règlement est conçu en ces termes :

« Art. 1ᵉʳ — Les actes de poursuites en matière
» de délits forestiers seront, autant que possible,
» restreints aux délinquans solvables, et n'auront
» lieu envers les insolvables qu'autant qu'ils seront
» nécessaires pour assurer la répression des dé-
» lits par l'emprisonnement, à défaut de paiement
» des condamnations.

» Art. 2. — Il sera dressé des états par commune

» de tous les individus condamnés pour délits fo-
» restiers depuis l'époque de la dernière amnistie
» (c'est-à-dire depuis le 8 novembre 1830), et qui
» auront été reconnus insolvables.

» Ces états seront formés de concert entre le
» receveur des domaines du domicile des con-
» damnés et l'agent forestier désigné à cet effet par
» l'inspecteur forestier de l'arrondissement. Ils
» comprendront, par ordre alphabétique : 1° les
» noms et professions des condamnés ; 2° le nom-
» bre des condamnations intervenues contr'eux ; 3°
» la date des différens certificats constatant leur
» insolvabilité ; 4° les poursuites exercées pour le
» recouvrement des condamnations, savoir : date
» des commandemens, date de l'emprisonnement,
» s'il a été requis, et durée de l'emprisonne-
» ment.

» En cas de dissentiment entre le receveur
» des domaines et l'agent forestier, sur l'insol-
» vabilité, ils formeront un état distinct des
» condamnés dont la solvabilité aura été contestée,
» et ils le transmettront chacun à leur chef immé-
» diat, pour en être référé au préfet, chargé de
» statuer.

» En attendant qu'il ait été prononcé à cet égard
» par le préfet sur les observations du Directeur
» des domaines et du Conservateur, les individus

» portés sur cet état seront considérés comme in-
» solvables.

» Art. 3. — Chaque état sera dressé en double
» minute, dont l'une restera au bureau du receveur
» des domaines, et l'autre sera remise à l'agent
» forestier chargé des poursuites, pour en faire
» l'usage prescrit par l'art. 1ᵉʳ de la décision du 26
» juillet 1831.

» L'agent forestier adressera deux expéditions de
» cet état au conservateur, qui en devra transmettre
» une au préfet.

» Art. 4. — Ces états seront révisés et complétés
» aux mois de janvier et de juillet de chaque année,
» à l'effet de rayer les individus qui auront été
» libérés des condamnations existantes contr'eux,
» et d'y porter ceux dont l'insolvabilité aura été
» constatée pendant le trimestre expiré.

» Tout individu qui ne sera pas porté sur ces
» états, et contre lequel il sera rapporté un procès-
» verbal pour délit, sera considéré comme solvable,
» et devra être poursuivi.

» Art. 5. — Les poursuites contre les individus
» portés sur l'état des insolvables, n'auront lieu
» qu'autant qu'il n'existera pas déjà contr'eux un
» jugement de condamnation suffisant pour pro-
» voquer leur incarcération, et dans ce cas, s'il y
» a à leur charge plusieurs procès-verbaux, il ne

» sera donné suite qu'à celui qui, revêtu de toutes
» les formes légales, donnera lieu à la plus forte
» condamnation.

» Il ne sera fait exception à ces dispositions que
» lorsqu'il y aura séquestre de bois, et que le conser-
» vateur, par un ordre spécial, aura cru néces-
» saire d'autoriser la continuation des poursuites
» pour faire prononcer la confiscation des biens sé-
» questrés.

» Art. 6. — Il ne sera donné qu'une seule cita-
» tion pour plusieurs procès-verbaux rapportés
» pendant un mois contre le même individu reconnu
» insolvable.

» Art. 7. L'agent forestier chargé de la poursuite
» des délits, dressera tous les trois mois un état
» d'individus insolvables contre lesquels il existe
» des condamnations susceptibles d'exécution.

» Il communiquera cet état au procureur du roi,
» et après avoir recueilli son avis, qu'il consignera
» par écrit dans la colonne des observations, sur
» le nombre des individus dont l'incarcération peut
» être provoquée, cet agent signalera les condam-
» nés qui, à sa connaissance, sont les plus auda-
» cieux et les plus incorrigibles, en indiquant le
» nombre des procès-verbaux rédigés contr'eux
» pendant les trois mois précédens. Il transmettra
» une expédition de cet état au conservateur, qui

» adressera au Directeur des domaines celui des in-
» solvables dont le procureur du roi aura reconnu
» l'incarcération possible, et le Directeur des do-
» maines donnera immédiatement aux receveurs
» les ordres nécessaires pour provoquer leur incar-
» cération.

» Art. 8. — Les receveurs des domaines adresseront,
» tous les trois mois, au Directeur des domaines,
» l'état des poursuites contre les condamnés insol-
» vables, désignés pour être incarcérés. Si l'incar-
» cération n'a pas eu lieu, ils en feront connaître
» les motifs, en énonçant les diligences faites.

» Ces états seront communiqués par le Directeur
» des domaines au conservateur, qui transmettra
» le double avec ses observations à l'administration
» des forêts. »

Ainsi, les receveurs doivent former deux espèces d'états ; le premier, ainsi qu'on vient de le voir par l'art. 2 de l'arrêté, est fait par commune et reste au bureau (1) ; c'est lui qui doit servir de base au second, dont nous parlerons tout à l'heure. Les agens forestiers concourent à la formation de ces états par commune. En cas de dissentiment sur l'insolvabilité de quelques-uns des condamnés, on

(1) Ces états par commune restent au bureau ; ils doivent être faits d'une manière convenable et uniforme ; pour conserver cette uniformité, nous donnons le modèle de ces états. (Voir 5e partie, n° 17.)

les porte sur *un état séparé* (2), dont le receveur des domaines adressera une expédition au Directeur. Quant à l'état des condamnés reconnus insolvables, dont une des deux minutes reste au bureau du receveur des domaines , il est révisé et complété tous les six mois, en janvier et en juillet de chaque année , ainsi que le prescrit l'art. 4 de l'arrêté du ministre.

Parlons maintenant de l'état à adresser tous les trimestres à la direction.

Les délinquans insolvables dont l'emprisonnement est nécessaire pour la répression des délits , doivent, en exécution de l'art. 2 de la décision du 2 novembre 1829, insérée dans l'instruction n° 1299 , être désignés par les agens forestiers aux préposés des domaines chargés de provoquer l'incarcération. Cette désignation a lieu d'après l'avis préalable du procureur du roi, au moyen d'états que le conservateur des forêts adresse tous les trois mois au Directeur des domaines. Celui-ci donne des ordres aux receveurs pour les poursuites tendantes à l'incarcération. Ce sont ces poursuites qui donnent lieu à l'état en question. Pour rendre compte de celles qui ont été faites, les receveurs adressent, tous les trois mois, au Directeur du département, l'état des

---

(2) Cet état est adressé tous les six mois au Directeur. (Voir, pour plus de renseignemens , 3ᵉ partie, opérations par semestre.)

poursuites faites contre les condamnés insolvables, désignés par le conservateur des forêts pour être incarcérés. Cet état doit indiquer les noms et domicile des délinquans, la nature des délits, la date des jugemens, le montant des condamnations, les poursuites faites par le receveur, et, si l'incarcération n'a pas eu lieu, les motifs qui l'ont empêchée.

N° 15.

ÉTAT

Des Pensionnaires de l'administration, domiciliés dans l'arrondissement du bureau.

Voir modèle de l'État, 5ᵉ partie, n° 18.

Cet État doit être adressé à la Direction dans les dix premiers jours de chaque trimestre.

(*Instruction générale du 19 février 1822, n° 1020.*)

Les Directeurs tiennent un sommier des pensionnaires de l'administration domiciliés dans l'étendue de leur département. Ce sommier a pour objet de les mettre à portée de donner connaissance à l'administration, soit du décès des pensionnaires, soit de leur changement de domicile, soit enfin des mariages contractés par leurs veuves, depuis qu'elles ont été admises à la pension de retraite.

Ces documens sont indispensables pour former, avec la régularité nécessaire, les états de paiement des arérages de pension, et il est important que le sommier des directions soit tenu rigoureusement au courant. A cet effet, les receveurs dressent, dans les dix premiers jours de chaque trimestre, l'état conforme au modèle dont est parlé ci-dessus, indiquant exactement les changemens survenus dans le trimestre précédent, et les nouveaux mariages des veuves des pensionnaires ; dans le cas où il n'y aurait aucun changement, l'état devrait être remplacé par un certificat négatif.

N° 16.

ÉTAT

*Des Sommes recouvrées sur les Amendes pour Contraventions
à l'art. 56 du décret du 15 novembre 1811, concernant le
Régime de l'Université, pendant le trimestre.*

Voir le modèle de cet État, 5ᵉ partie, nᵒ 19.

**Il doit être adressé à la Direction dans les dix premiers
jours de chaque trimestre.**

(Instructions générales, nᵒˢ 906, 1501 et 1532.)

Aux termes de l'art. 56 du décret du 15 novembre 1811, concernant le régime de l'université,
le produit des amendes prononcées contre ceux qui
enseignent publiquement et tiennent école sans autorisation, était applicable pour *moitié* au trésor de
l'Université, et pour l'autre *moitié* aux enfans trouvés. Elles étaient recouvrées pour le compte de ces
deux établissemens, par les receveurs de l'enregistrement, conformément à l'instruction n° 906.

L'art. 63 du même décret attribuait en totalité à
l'Université les amendes encourues par les maîtres
de pension et les chefs d'institution, pour fausses
déclarations du nombre de leurs élèves, du prix de
la pension et du degré d'instruction qui avait lieu
dans leurs maisons.

6

Ces diverses dispositions ont été modifiées à partir du 1er janvier 1825, en sorte qu'aujourd'hui l'Université a cessé d'avoir droit à l'attribution, tant de la moitié des amendes prononcées en vertu de l'art. 56 du décret du 15 novembre 1811, que de la totalité de celles qui sont fixées par l'art. 63 du même décret.

Quant aux enfans trouvés, ils ont toujours droit à la moitié de celles prononcées en exécution de l'art 56 dudit décret. Afin que cette attribution soit versée entre les mains du receveur de l'établissement, chargé des enfans trouvés, les receveurs de l'enregistrement dressent, tous les trois mois, un état de recouvrement conforme au modèle ci-dessus désigné.

Il est important de remarquer que l'application de l'art. 56 du décret du 15 novembre 1811, ne doit concerner que les amendes prononcées contre ceux qui, sans autorisation, tiennent des écoles *autres que celles d'instruction primaire.*

Ainsi l'art. 6 de la loi du 28 juin 1833, sur l'instruction primaire, prononce une amende de 50 à 200 francs, et, en cas de récidive, de 100 à 400 fr. contre ceux qui, déclarés incapables par l'art. 5, ou qui, sans avoir satisfait aux conditions prescrites par l'art. 4, ouvriraient une école primaire ; et cette loi ne dit pas si ces amendes sont, comme celles qui font l'objet de l'art. 56 du décret du 15 novembre 1811, attribuées pour une moitié aux établissemens d'enfans trouvés. Mais la question de savoir si, nonobstant le silence de la loi, l'attribution devait avoir lieu, a été résolue négativement par MM. les ministres de l'instruction publique, de la justice et des finances, le 31 mars 1837.

N° 17.

ÉTAT

Des Recettes faites pendant le trimestre, sur les Amendes concernant les Huissiers.

Voir modèle de l'État, 5ᵉ partie, n° 20.

Cet État doit être adressé à la Direction dans les dix premiers jours de chaque trimestre.

(Instruction générale du 17 mars 1814, n° 659.)

Les Receveurs de l'Enregistrement des chefs-lieux d'arroudissemens sont seuls chargés de la confection de cet état.

Le décret impérial du 14 juin 1813 porte :

« Art. 100. — Sera versé à la bourse commune,
» le quart des amendes prononcées contre les huis-
» siers, pour délits et contraventions relatifs à
» l'exercice de leur ministère.

» Ces amendes seront perçues en totalité par le
» receveur de l'enregistrement du chef-lieu de
» l'arrondissement , lequel tiendra compte, tous
» les trois mois , à la communauté des huissiers,
» de la portion qui pourra lui revenir, aux termes
» du présent article. »

Il n'y a que les amendes *prononcées par les tribu-*

naux contre les huissiers , pour délits et contraventions relatifs à l'exercice de leur ministère , qui sont attribuées. Le quart en appartient à la bourse commune des huissiers (non compris le décime), déduction faite de 5 p. 0/0 pour frais de régie , et du quart des frais tombés en non-valeur.

A l'expiration de chaque trimestre , les receveurs dressent l'état des recettes qu'ils ont faites , et l'adressent à leur Directeur.

Il importe de ne pas confondre *les amendes qui ne sont pas attribuées.* Ainsi , celles résultant des contraventions à l'art. 1er du décret du 29 août 1813 relativement au nombre de lignes dans les copies à signifier par les huissiers , *ne sont pas attribuées.*

N° 18.

ÉTAT

Des Recouvremens opérés sur les prix de Ferme des Domaines de l'État.

Voir modèle de cet État, 5ᵉ partie, n° 21.

Cet État doit être adressé à la Direction dans les dix premiers jours de chaque trimestre.

(Exécution de l'Instruction générale du 18 avril 1831 , n° 1358.)

Dans les dix premiers jours de chaque trimestre, on relève sur le registre de recette à ce destiné, tous les recouvremens opérés pendant le trimestre précédent, *sur les deux exercices* concernant les prix de ferme des domaines de l'état.

Cet état est fourni par un très-petit nombre de receveurs, aussi ceux qu'il ne concerne pas sont-ils dispensés de fournir un certificat négatif.

N° 19.

ÉTAT

Des Recouvremens opérés sur les Prix de Vente des Domaines de l'État.

Voir modèle de cet État, 5ᵉ partie, n° 22.

Cet État doit être adressé à la Direction dans les dix premiers jours de chaque trimestre.

(*Instruction générale du 18 avril 1831, n° 1358.*)

Dans les premiers jours de chaque trimestre on relève, sur le registre de recette à ce destiné, tous les recouvremens opérés sur les prix de vente des domaines de l'état.

Cet état doit comprendre les recettes faites sur les deux exercices.

S'il n'y a pas de recette de l'espèce, on est dispensé de fournir un certificat négatif.

N° 20.

ÉTAT

Des Recouvremens opérés sur les Droits de Pêche et de Chasse.

Voir modèle de l'État, 5ᵉ partie, n° 23.

Cet État doit être adressé à la Direction dans les dix premiers jours de chaque trimestre.

(Instruction générale du 18 avril 1831, n° 1358.)

On prend, sur le registre de recette à ce destiné, tous les recouvremens opérés pendant le trimestre précédent, concernant les droits de pêche et de chasse.

L'état dont il s'agit doit comprendre les recettes faites sur les deux exercices.

Cet état, n'étant que la reproduction fidèle du registre de recette sur lequel sont portés ces recouvremens, il n'y a aucune explication à donner sur la manière de le former.

S'il n'y a pas de recette de l'espèce, on est dispensé de fournir un certificat négatif.

N° 21.

ÉTATS

Remis en exécution de l'art. 55 de la Loi du 22 frimaire an VII, par les Maires du canton au Receveur de l'Enregistrement, des Actes de Décès reçus pendant le trimestre.

Voir modèle de l'État, 5e partie, n° 24.

Cet État doit être adressé aux Maires du canton dans les dix derniers jours de chaque trimestre.

(*Circulaire du 2 vendemiaire an X, n° 2045.*)

L'art. 55 de la loi du 22 frimaire an VII est ainsi conçu :

« Les secrétaires des administrations municipales
» fourniront, par trimestre, aux receveurs de l'en-
» registrement de chaque canton, les relevés par
» eux certifiés, des actes de décès. Ils seront déli-
» vrés sur papiers non timbrés, et remis dans les
» mois de janvier, avril, juillet et octobre, à peine
» d'une amende de 30 fr. (10 fr. fixe) pour chaque
» mois de retard. »

D'après ces termes, les états ou relevés en question étaient dressés par les maires ; les receveurs n'étaient pas obligés de leur adresser un tableau pour y inscrire les décès. La circulaire du 9 fri-

maire an **VIII**, numéro 1703, les dispensait for-
mellement de ce travail, et en chargeait les maires
auxquels il appartient bien plus légitimement, puis
la loi les en a chargés ; mais l'administration, ayant
été informée que dans beaucoup de communes les
maires ou leurs adjoints n'exécutaient qu'avec beaucoup de lenteur les dispositions de l'art. 55 de la
loi du 22 frimaire an **VII**, et que les relevés qu'ils
fonrnissaient étaient souvent rédigés d'une manière
incomplète, a prescrit aux receveurs de l'enregistrement, par la circulaire du 2 vendémiaire an **X**,
numéro 2045, de tracer à la main et remettre, *dans
les dix derniers jours de chaque trimestre,* à tous les
maires de l'arrondissement de leur bureau, un relevé des actes de décès conforme au modèle indiqué
plus haut.

Ainsi, dans les dix derniers jours de chaque trimestre, les receveurs doivent se conformer à ces
prescriptions.

Ce tableau est renvoyé par les maires aux receveurs, dans le courant du mois suivant, et mention
de cette remise est faite au registre des actes civils,
par une récapitulation, dans laquelle on énonce les
maires qui ont contrevenu à la loi. (*Circ.* 1703 *et*
2045.)

TROISIÈME PARTIE.

OPÉRATIONS PAR SEMESTRE.

OPÉRATIONS PAR SEMESTRE.

N° 1ᵉʳ.

ÉTAT

Des Avances de Frais de Poursuites, pour Délits forestiers dans les Bois de la Couronne.

Des Imprimés sont fournis par les soins de l'Intendance générale de la Liste civile.

Cet État doit être adressé dans les dix premiers jours de chaque semestre, en double expédition. L'une est envoyée à la Direction, et l'autre aux Agens des Forêts de la Couronne.

(Instruction générale du 15 septembre 1832, n° 1409 ; Id. du 13 février 1843, n° 1687).

Un arrêté du ministre des finances, en date du 13 octobre 1829, a prescrit diverses dispositions pour l'avance à faire, par les receveurs de l'enregistrement, des frais de poursuites concernant les délits commis dans les bois de la Couronne, et pour le recouvrement, par les mêmes préposés, des restitutions et dommages-intérêts prononcés à raison de ces délits (1).

(1) Quant à cette seconde partie, elle fera l'objet du numéro 2 ci-après, afin d'éviter toute confusion.

Cet arrêté n'avait été transmis qu'aux Directeurs du petit nombre des départemens dans lesquels, à cette époque, il existait des bois de la Couronne. Mais l'art. 4 de la loi du 2 mars 1832, sur la liste civile, ayant réuni à la dotation immobilière de la Couronne les biens de l'apanage d'Orléans, qui comprennent des forêts considérables, situés dans plusieurs autres départemens, l'administration a donné connaissance à tous les préposés des dispositions de l'arrêté du 13 octobre 1829, devenues par cette réunion d'un intérêt plus général.

Cet arrêté est conçu en ces termes :

« Art. 1er. — Les procès-verbaux de délit ou de » contravention que les agens et gardes des forêts » de la Couronne rapporteront contre les délin- » quans ou contrevenans, ainsi que les citations, » significations et jugemens, seront rédigés sur » papier visé pour timbre et enregistrés en débet.

» Art. 2. — Chaque trimestre, les agens des » forêts de la Couronne dresseront un mémoire » des citations et significations qui auront été faites, » et ce mémoire sera rendu exécutoire, visé et or- » donnancé conformément au règlement du 18 » juin 1811.

» Art. 3. Les frais de ces citations et significa- » tions, et tous les frais de procédure et d'instruc- » tion pour la poursuite des délits et contraven-

» tions dans les bois de la Couronne seront avancés
» par l'administration de l'enregistrement, qui en
» poursuivra le recouvrement sur la partie con-
» damnée, et, en cas d'absolution ou d'insolvabi-
» lité des prévenus, sur le trésor de la Couronne,
» tenue de ces frais comme partie civile.

» Art. 4. — Les frais ainsi tombés à la charge
» de la liste civile seront remboursés, tous les trois
» mois, sur l'état fourni par le receveur de l'enre-
» gistrement (1).

» Cet état contiendra : 1° le numéro du som-
» mier; 2° le nom du condamné ou délinquant;
» 3° la date du jugement; 4° le montant des frais
» et droits à rembourser au trésor; 5° les sommes
» payées en totalité ou par à-compte; 6° la somme
» restant à payer; 7° et une colonne d'observations
» dans laquelle on fera connaître succinctement les
» causes qui s'opposent à l'apurement des articles ou
» la date des certificats d'insolvabilité.

» Art. 5. L'administration de l'enregistrement et
» des domaines demeure chargée de l'entière exé-
» cution des jugemens. Elle acquittera et suppor-
» tera, sans aucun recours contre le trésor de la
» Couronne, tous les frais d'exécution qui, en
» conséquence, ne seront pas compris dans l'état
» ordonné par l'art. 4.

(1) Cet état n'est plus fourni que tous les six mois. (*Inst. gén.* n° 1687.)

Suivant les décisions transmises par l'instruction numéro 1195, l'administration de l'enregistrement est chargée de faire l'avance des frais de justice dans tous les procès en matière de simple police et correctionnelle, suivis dans l'intérêt des communes, des administrations et établissemens publics, considérés comme parties civiles. Dès avant la publication du Code forestier, il avait été reconnu que ces décisions étaient applicables aux procédures ayant pour objet la repression des délits et contraventions dans les bois de la Couronne. Les art. 2, 3 et 4 de l'arrêté du 13 octobre 1829 confirment ces dispositions et en règlent l'exécution.

Les agens des forêts de la Couronne dressent, chaque semestre, un mémoire des citations et significations qui ont été faites pour la poursuite des délits ou contraventions. Ce mémoire, après avoir été rendu exécutoire, visé et ordonnancé conformément au décret du 18 juin 1811, est acquitté par le receveur de l'enregistrement. Il en est de même de tous les autres frais de procédure et d'instruction pour les délits dont il s'agit.

Les frais de poursuite sont recouvrés, ou sur les condamnés, ou, en cas d'absolution ou d'insolvabilité des délinquans, sur le trésor de la Couronne.

L'art. 4, de l'arrêté du ministre, détermine la forme de l'état qui devait être dressé, *tous les trois mois*, par les receveurs de l'enregistrement, pour obtenir le remboursement des frais tombés à la charge de la liste civile; mais **M.** l'intendant général de la liste civile, ayant reconnu que la formation et l'envoi de cet état par *semestre* seraient suffisans, les receveurs ne le forment plus que tous les six mois. Il faut avoir soin de comprendre dans cet état les droits de timbre et d'enregistrement en débet.

Cet état est visé par le Directeur; celui-ci l'adresse à l'agent en chef des forêts de la Couronne dans le département, lequel en fait ordonnancer et verser le montant dans la caisse du receveur des domaines.

N° 2.

ÉTAT

Des Restitutions et Dommages-Intérêts perçus pour le compte de la Couronne.

Des Imprimés sont fournis par les soins de l'Intendance générale de la Liste civile.

Cet État doit être adressé dans les dix premiers jours de chaque semestre, en double expédition. L'une est envoyée à la Direction, et l'autre aux Agens des Forêts de la Couronne.

(*Instruction générale du 15 septembre 1832, n° 1409; Id. du 13 février 1843, n° 1687*).

L'arrêté du ministre des finances, du 13 octobre 1829, a prescrit diverses dispositions pour le recouvrement, par les receveurs de l'enregistrement et des domaines, des restitutions et dommages-intérêts prononcés à raison des délits commis dans les bois de la Couronne.

L'art. 6 de cet arrêté est ainsi conçu :

« Tous les trois mois (1), l'administration de l'en-
« registrement versera au trésor de la liste civile
» le montant des restitutions et dommages-intérêts
» que ses agens auront perçus pour le compte de

---

(1) Maintenant cet état se fait tous les *six mois*. (*Instruction générale,* n° 1687.)

» la Couronne, *sous la déduction de cinq pour cent,*
» dont elle est autorisée à faire la retenue pour
» frais de régie.

» Les receveurs de l'enregistrement et des do-
» maines formeront, à cet effet, un état en dou-
» ble expédition des restitutions à effectuer. Cet
» état devra contenir : 1° le numéro du sommier ; 2°
» le nom de la partie condamnée ; 3° la date du
» jugement ; 4° le montant de la somme recouvrée ;
» 5° la date du jugement ; 6° les cinq pour cent à
» déduire sur la somme recouvrée pour frais de
» régie ; 7° la somme restant à restituer.

» Cet état sera vu et vérifié par le Directeur, et
» adressé aux agens des forêts de la Couronne, qui,
» après en avoir reconnu l'exactitude, le remettront
» au receveur de l'enregistrement, et ce dernier
» provoquera auprès de son Directeur l'ordonnan-
» cement des dépenses, conformément aux ordres
» et instructions concernant la comptabilité.

» Art. 7. — Conformément à l'art. 54 du Code
» pénal, en cas de concurrence de l'amende avec
» les restitutions et dommages-intérêts sur les biens
» insuffisans du condamné, ces dernières condam-
» nations obtiendront toujours la préférence. »

Les amendes prononcées pour les délits et contraventions appartiennent exclusivement à l'état,
en vertu de l'art. 204 du Code forestier ; mais les

restitutions et dommages-intérêts sont attribués, par le même article, à la liste civile. Suivant l'art. 210, le recouvrement doit en être fait par les receveurs de l'enregistrement, d'après le mode prescrit aux titres 13 du Code forestier et 11 de l'Ordonnance règlementaire.

Conformément à l'art. 6 de l'arrêté ci-dessus, les receveurs de l'enregistrement versaient, tous les trois mois, au trésor de la liste civile, sous la retenue de cinq pour cent pour frais de régie, le montant des restitutions et dommages-intérêts qu'ils recevaient pour le compte de la Couronne; mais M. l'intendant général de la liste civile ayant reconnu que la formation et l'envoi de cet état par *semestre* seraient suffisans, il a été décidé par l'Instruction générale du 13 février 1843, numéro 1687, que cet état ne serait plus fait que tous les *six mois*. Cet état, dont la forme est indiquée plus haut, est visé par le Directeur, qui l'adresse à l'agent des forêts de la Couronne, et en fait acquitter le montant selon les formes de la comptabilité, après que cet agent en a reconnu l'exactitude.

L'art. 7 et dernier de l'arrêté du ministre rappelle, comme on vient de le voir, les dispositions de l'art. 54 du Code pénal, d'après lesquelles, en cas de concurrence de l'amende avec les restitutions et dommages-intérêts sur les biens insuffisans du condamné, ces dernières condamnations doivent obtenir la préférence. Les receveurs doivent se conformer à cette disposition pour l'imputation à faire des sommes recouvrées sur les condamnations pécuniaires prononcées à raison de délits et contraventions dans les bois de la Couronne.

N° 3.

ÉTAT

Adressé à M. le Procureur du Roi près le Tribunal civil de première instance de l'arrondissement, des Procès-Verbaux de Délits enregistrés pendant le semestre, sur lesquels il n'est jusqu'à ce jour intervenu aucun jugement.

Voir modèle de l'État, 5ᵉ partie, n° 25.

Cet État doit être adressé à M. le Directeur le premier avril et le premier octobre de chaque année.

(*Instruction générale du 29 juin 1814, n° 661.*)

Tous les procès-verbaux de délits doivent être visés et enregistrés en débet. Ces droits, ainsi que les amendes auxquelles les délits ou contraventions donnent lieu, sont recouvrés sur les condamnés, en vertu des jugemens des tribunaux.

Lorsque, par des *arrangemens clandestins*, il n'est donné aucune suite aux procès-verbaux, le trésor perd ses droits et le décime pour franc des amendes ; les communes ou hospices, les portions d'amendes qui leur sont attribuées.

Pour réprimer les abus de cette nature, les juges de paix et les maires sont prévenus que, dans aucun cas, il ne peut être fait de transactions sur délits constatés par procès-verbaux , et que l'amende encourue pour ces délits doit être prononcée par jugement.

Les gardes qui négligeraient de remettre les procès-verbaux, ou qui prendraient des arrangemens avec les délinquans, s'exposeraient à être poursuivis comme prévaricateurs.

Suivant les dispositions des Instructions générales 661 et 1351, les receveurs doivent fournir de temps à autres, au Directeur , pour être ensuite transmis au ministère public, les relevés des procès-verbaux de délits non suivis de jugement, afin que MM. les procureurs du roi puissent se faire rendre compte des motifs pour lesquels ces procès-verbaux sont restés sans suite.

Pour assurer l'exécution des instructions sus-datées, les receveurs doivent adresser à la direction, le 1ᵉʳ avril et le 1ᵉʳ octobre de chaque année, un état des procès-verbaux non suivis de jugemens , comprenant, savoir : l'état du 1ᵉʳ octobre, les procès-verbaux enregistrés pendant le premier semestre ; et l'état du 1ᵉʳ avril , les procès-verbaux enregistrés pendant le second semestre.

N° 4.

ÉTAT

Des Condamnés pour Délits forestiers, dont l'insolvabilité est l'objet d'un dissentiment entre le Receveur des Domaines et l'Agent forestier.

—————

Voir modèle de l'État, 5ᵉ partie, n° 26.

Cet État doit être adressé à la Direction dans les dix premiers jours des mois de janvier et de juillet de chaque année.

(*Instruction générale du 29 avril 1884, n° 1456.*)

—————

D'après le règlement arrêté par M. le ministre des finances le 12 avril 1834, il est dressé des états par commune de tous les individus condamnés pour délits forestiers, reconnus insolvables.

Ces états sont formés de concert entre le receveur des domaines du domicile des condamnés et l'agent forestier désigné à cet effet par l'inspecteur forestier de l'arrondissement; ces états sont révisés tous les six mois.

Il peut arriver que ces deux fonctionnaires ne soient pas d'accord sur la position de fortune des condamnés; dans ce cas, on suit les prescriptions suivantes tracées par l'instruction 1456, catégoriques sur ce point :

« En cas de dissentiment entre le receveur des
» domaines et l'agent forestier, sur l'insolvabilité
» de quelques-uns des condamnés, ils les porteront
» sur un état séparé, dont le receveur adressera
» une expédition au Directeur. »

D'après cette règle nettement tracée, quand les receveurs se trouvent en désaccord avec les agens forestiers, ils dressent un état distinct des condamnés dont la solvabilité est contestée, et l'adressent à leur Directeur, pour en être référé au préfet chargé de statuer.

En attendant qu'il soit prononcé à cet égard par le préfet, sur les observations du Directeur des domaines et du conservateur des forêts, les individus portés sur l'état sont considérés comme insolvables.

OPÉRATIONS DE FIN D'ANNÉE.

QUATRIÈME PARTIE

OPÉRATIONS DE FIN D'ANNÉE.

N° 1er.

COMPTE D'ANNÉE.

Des imprimés sont fournis par l'Administration.

Ce Compte doit être fait dans les quinze premiers jours du mois de janvier de chaque année.

On va prendre successivement toutes les parties du compte, et indiquer la manière de procéder à leur formation.

Le compte d'année doit être fait en triple expédition (1) par le receveur qui exerce au 31 décembre de l'année qu'il concerne. Ainsi, dans le cas de mutation de comptables dans les premiers jours du mois de janvier, le compte du préposé sortant de fonctions, est rédigé par lui, avant son départ. Si le comptable est décédé, le compte est formé en son nom, mais signé par son successeur. L'obser-

(1) L'Instruction générale du 12 février 1821, n° 971, a prescrit de faire trois expéditions. L'une est remise à l'employé supérieur chargé de la tournée de comptabilité, l'autre reste au receveur, et la troisième demeure déposée au bureau.

vation de cette règle est indispensable pour que les arrêts de la cour des Comptes frappent sur les préposés qui ont réellement géré, et que, par suite, ceux-ci ou leurs héritiers puissent justifier, au besoin, de leur libération prononcée par ces arrêts. (*Gagneur, Comptabilité, page* 10 *de l'introduction.*)

Quand il y a eu un ou plusieurs intérims pendant l'année, la première page du compte doit en faire mention, avec l'indication exacte du commencement et de la fin de chaque gestion.

RECETTE.

1re PARTIE.

CONTRIBUTIONS ET REVENUS PUBLICS.

CHAPITRE PREMIER.

Droits et Produits de l'Exercice expiré.

Pour remplir la *première* colonne, on copie textuellement la *seconde* colonne du chapitre 2, page 4 du compte précédent. Quant au reste du tableau, il est indispensable, pour sa formation, de se conformer à la récapitulation mise, par le Directeur, à la suite des états des restes à recouvrer au 30 septembre précédent, lesquels états ont été renvoyés au receveur dans la première quinzaine de décembre. (*Instruction générale du* 18 *avril* 1831, *n°* 1358.)

Les receveurs ne peuvent faire aucun changement à ces états. On porte dans la *dernière* colonne les recettes des neuf premiers mois de l'année, telles qu'elles ont été inscrites sur le sommier de dépouillement, pages 2, 3, 4 et 5, à moins qu'il n'y ait été rectifié depuis des erreurs. Au surplus, la contexture des tableaux du compte, pages 2 et 3, indique suffisamment le rapport qu'il doit y avoir entre les deux dernières colonnes et la première, et entre celle-ci et les restes à recouvrer, résultant du compte de la première année de l'exercice.

Nous ne parlerons pas de la récapitulation, page 3, parce qu'il n'y a que des reports à faire qui ne présentent aucune difficulté.

CHAPITRE SECOND.

Droits et Produits de l'Exercice courant.

Il faut remarquer que le compte d'année ne doit être fait qu'après l'état des droits et produits constatés de l'année courante, attendu que c'est cet état qui est sa base fondamentale. Dès que ces colonnes ont été exactement remplies, le chapitre 2 du compte devient facile, puisqu'il doit en être la reproduction fidèle, dans toutes ses parties (1).

Ainsi, pour remplir la *première colonne* relative aux droits et produits constatés de l'exercice courant, on copie la *quatrième colonne* de l'état des droits et produits constatés ; pour remplir la seconde, on copie la dernière dudit état, contenant les restes à recouvrer au dernier jour de l'année ; quant à la *troisième colonne*, relative à la recette de l'année, on prend la *cinquième colonne* de l'état susindiqué, laquelle, en définitive, n'est que la reproduction exacte du sommier de dépouillement. Ainsi le seul document et la seule pièce dont on ait besoin pour remplir ce chapitre 2 du compte, c'est, comme on vient de l'expliquer, l'état des droits et produits constatés de l'année.

2e PARTIE.

OPÉRATIONS DE TRÉSORERIE.

—

CHAPITRE PREMIER.

Ce chapitre est rempli au vu du registre de recette des opérations de trésorerie, et au vu du sommier

(1) On s'étonnera peut-être que l'état des droits et produits constatés, devant servir de base au compte d'année, nous n'en ayons pas encore parlé, et que nous fassions précéder le compte dans l'ordre que nous avons adopté. L'observation serait juste, mais, pour notre justification. nous dirons que, si nous avons mis le compte en première ligne, c'est que, dans toutes les nomenclatures d'états, il a toujours eu la faveur de la prééminence.

de dépouillement. La seule différence qu'il y ait entre ce sommier et le chapitre 1ᵉʳ de la deuxième partie du compte, c'est qu'il y a dans ce dernier deux colonnes à remplir : l'une relative aux recettes par nature, et l'autre devant contenir le total par articles. La première est remplie au moyen du registre de recette des opérations de trésorerie, et la seconde est la reproduction du sommier de dépouillement.

Quant aux trois autres chapitres relatifs : 1° aux mouvemens de fonds entre les comptables des finances ; 2° aux recouvremens ou régularisations d'avances admises en dépense ; 3° et aux fonds particuliers du receveur, ils doivent être remplis en copiant, article par article, le sommier de dépouillement, en ce qui concerne ces trois chapitres.

La récapitulation générale est faite au bas de la page 7, et l'on a ainsi le total général de la recette pour l'année.

DÉVELOPPEMENT PAR ARTICLES
Des Tarifs des Droits d'Enregistrement.

Les pages 8, 9 et 10 du compte sont destinées à contenir le développement des droits d'enregistrement.

Pour remplir ces trois pages, on copie le livre

de dépouillement, en suivant exactement la désignation des actes et mutations soumis aux droits. Le paragraphe contenant les droits en sus et le tableau récapitulatif, y sont également portés; enfin on prend la copie entière et exacte du livre de dépouillement.

Avant de terminer ce chapitre, c'est ici le cas de donner la méthode pour vérifier avec promptitude le livre et les feuilles de dépouillement, car la plus minime erreur reproduite dans le développement du compte, pages 8, 9 et 10, apporterait le trouble dans la comptabilité du receveur, en mettant l'employé supérieur, chargé de la vérification de ses comptes, dans l'obligation d'opérer les vérifications nécessaires.

Cette méthode se trouve dans le Journal spécial de Manutention, et dans l'excellent ouvrage de M. Gagneur sur la comptabilité; mais j'ai cru qu'il n'était pas inutile de la donner ici, parce qu'il peut se trouver de jeunes employés qui n'aient pas encore ces ouvrages.

EXTRAIT du *Jour nal général de Manutention,*
tome 3, pages 123 et 124.

RÈGLE.

La principale garantie d'exactitude de l'opération du dépouillement des recettes, c'est la concordance entre les produits qui figurent sur les feuilles ou sur le livre de dépouillement et les diverses quotités de chacun de ces produits. Le moyen de s'assurer le plus promptement possible de cette exactitude, consiste à diviser chaque produit par le double de sa quotité ; on conduit cette division jusqu'au premier ou au second chiffre des centimes du produit, suivant que la quotité présente ou non un zéro au dernier chiffre des centimes, et, au terme de la division, il ne doit rester aucune fraction du diviseur.

N^{os}	QUOTITÉS.
1°	à 10 et 20 p. 0/0
2°	à 25 p. 0/0
3°	à 50 p. 0/0
4°	à 62 et 1/2 p. 0/0

APPLICATION.

1° DROITS PROPORTIONNELS.

Elle compose toutes sortes de chiffres, même dans les centimes, à cause des *minimum*.

Comporte toutes sortes de chiffres ; seulement le dernier chiffres des centimes ne peut être qu'un 5 ou un 0.

Le dernier chiffre des centimes est ordinairement un 0, mais il peut être aussi un 5, lorsqu'il se rencontre des *minimum* dans la perception. Tous les autres sont variables.

Comporte toutes sortes de

N^{os}	QUOTITÉS.
5°	à 75 p. 0/0
6°	à 1 p. 0/0

chiffres, même dans les centimes.

Le dernier chiffre des centimes ne peut être qu'un 5 ou un 0 ; puis on divise le produit par 3, et, au dernier chiffre des centimes, le diviseur 3 doit absorber complètement les derniers chiffres du dividende : on peut encore user de l'addition horizontale. Cette addition, qui n'est applicable qu'aux multiples du nombre 3 (75 c., 1 f. 50 c., 3, 4 f. 50, 6 et 9 p. 0/0), doit, pour être juste, présenter, savoir : pour les cinq dernières quotités seulement, un zéro au dernier chiffre des centimes ; et pour celle de 75 c., un 5 ou un 0 ; et si le total de cette addition est exactement divisible par 3, la concordance est juste et l'opération régulière.

Les centimes ne doivent or-

N^{os}	QUOTITÉS.
7°	1 25 p. 0⁄0
8°	à 1 50 p. 0⁄0
9°	à 2 p. 0⁄0

dinairement se composer que de vingtaines rondes ; mais, à cause des *minimum,* ils peuvent quelquefois présenter au dernier chiffre un 5 et des fractions de vingtaines. S'il s'agit de droits de succession immobilière en ligne droite, les centimes peuvent aussi, à cause des imputations, comporter toutes sortes de chiffres, mais alors il faut en justifier.

Les chiffres des centimes ne peuvent qu'être : ou 2 zéros, ou 25, ou 50, ou 75 ; tous les autres sont variables.

Diviser par 3, et au premier chiffre des centimes du droit, le nombre restant doit être exactement divisible par 3, sans reste. On peut se servir de l'addition horizontale.

Diviser par 4, et après avoir opéré sur le premier chiffre

Nᵒˢ	QUOTITÉS.
10°	à 2 50 1/2 p. 0/0
11°	à 2 75 1/2 p. 0/0
12°	à 3 p. 0/0
13°	à 3 50 p. 0/0
14°	à 4 p. 0/0
15°	à 4 50 p. 0/0
16°	à 5 p. 0/0

des centimes, il ne doit plus rien rester.

Il ne peut y avoir aux centimes que 50 ou 2 zéros ; tous les autres chiffres sont variables.

Diviser le produit par 11 , conduire l'opération jusqu'au dernier chiffre des centimes, qui ne doit être qu'un 5 ou un 0 , et à ce dernier chiffre, si c'est un 5 , il ne doit plus rien rester.

A diviser par 6, et après le premier chiffre des centimes, il ne doit plus rien rester à diviser.

A diviser par 7, même opération et même résultat.

A diviser par 8, même opération et même résultat.

A diviser par 9, même opération et même résultat.

Il ne peut pas y avoir de

Nᵒˢ	QUOTITÉS.
17°	à 5 50 p. 0/0
18°	à 6 p. 0/0
19°	à 6 50 p. 0/0
20°	à 7 p. 0/0
21°	à 8 p. 0/0
22°	à 9 p. 0/0
23°	à 1 f. fixe.

fraction de franc dans le droit, mais tous les chiffres en sont variables.

A diviser par 11, et arrivé au premier chiffre des cents, le diviseur doit se trouver exactement sans reste dans les chiffres restans du dividende.

Diviser par 12, même opération et même résultat.

Diviser par 13, même opération et même résultat.

Diviser par 14, même opération et même résultat.

Diviser par 16, même opération et même résultat ;

Diviser par 18, même opération et même résultat.

2° DROITS FIXES.

Ici la règle ne demande pas d'explications : ainsi, il ne peut y avoir de centimes au

N^{os}	QUOTITÉS.	
		produit, mais le dernier chiffre des francs est variable.
24°	à 2 f. fixe.	Point de centimes, mais le dernier chiffre des francs doit être un nombre pair ou un 0.
25°	à 3 f. fixe.	Point de centimes; diviser par 3, et au dernier chiffre des francs il ne doit plus rien rester.
26°	à 5 f. fixe.	Le dernier chiffre des francs ne peut être qu'un 5 ou un 0, sans centimes.

DÉPENSE.

1re PARTIE.

DÉPENSES PUBLIQUES.

Le chapitre 1er, relatif aux frais de justice criminelle, ne comprend qu'un seul article; il n'y a aucun détail à faire, et la seule somme qu'il y ait à porter, est celle qui figure à la première ligne de la page 11 du sommier de dépouillement.

Les trois autres chapitres de la première partie sont faciles à remplir. La première colonne doit être la reproduction fidèle du sommier de dépouillement. La seconde colonne est remplie au moyen de la réunion, par accolade, de chaque article particulier de la dépense, de manière à ce qu'elle soit en concordance parfaite avec la dernière colonne de l'inventaire général des pièces justificatives des dépenses et versemens de l'année. Enfin, la troisième colonne des chapitres 2 et 3 doit contenir le total par section ; elle est facile à remplir, puisqu'il n'y a que l'addition à faire des sommes réunies par accolade de chaque section.

2e PARTIE.

OPÉRATIONS DE TRÉSORERIE.

La deuxième colonne doit être pareille à la dernière colonne de l'inventaire général des pièces de dépenses, et la première colonne doit être conforme au sommier de dépouillement. Quant au chapitre 3 concernant les avances à charge de recouvrement et de régularisation, on le copie également au sommier de dépouillement, pages 12 et 13, mais ce n'est pas là, pour ce chapitre, la seule opération à faire ; on doit en outre donner, dans le tableau à ce destiné, page 13 du compte, la situation de ces avances au **31** décembre. Cette situation ayant été faite, par mois, sur le sommier de dépouillement, pages **22** et **23**, on copie *horizontalement*, pour chaque nature des avances, la dernière colonne dudit sommier, qui contient *verticalement* la situation au dernier jour de l'année expirée.

RÉSULTAT GÉNÉRAL

au 31 décembre.

Malgré tous les soins que l'on apporte à la confection du bordereau de décembre, il peut arriver cependant qu'il y ait des erreurs dans la comptabilité.

Ces erreurs, commises le plus souvent dans le travail de la liquidation des remises, ne doivent pas être reproduites dans le compte d'année.

Ainsi, le résultat consigné dans la dernière colonne de la page **13** du sommier de dépouillement, ne doit être reproduit textuellement à la page **14** du compte, que quand il est parfaitement exact. Dans le cas contraire, il doit être rectifié, afin de concorder avec le compte d'année.

La Circulaire de la Comptabilité générale des Finances, du **20** novembre **1832**, n° **27**, prescrit, à cet effet, aux employés supérieurs, qui assistent à la rédaction des comptes, de former un état des différences qui existent entre le compte d'année et le bordereau de décembre.

COMPTE DE MATIÈRES.

Papiers timbrés, Formules de Passe-Ports et Permis de Chasse.

La page 15 du compte est disposée de manière à recevoir le compte de la débite des papiers timbrés et des formules de passe-ports, et permis de chasse.

Pour remplir le tableau relatif à ce compte, il faut porter dans les cinq premières colonnes les cinq colonnes du compte sommaire en nature, qui doit être adressé au Directeur le 1ᵉʳ janvier, et dont une expédition est restée au bureau. Dans la sixième colonne, on porte le produit de l'addition des 4ᵉ et 5ᵉ colonnes, lequel doit être égal à la troisième colonne. Les deux dernières colonnes doivent contenir le produit de la débite. Enfin, en comparant ce tableau avec le résultat général dressé à la fin de l'année sur le registre des papiers timbrés, on s'assurera de son exactitude au moyen de la concordance des chiffres des quantités et des produits.

Si le receveur est parfaitement assuré de ses calculs, il peut, sans attendre l'arrivée de l'employé

supérieur, procéder à la rédaction de ses comptes;
dans ce cas, cependant, il est prudent de ne pas
faire les récapitulations générales, et de ne pas consigner à la page 14 le résultat général au 31 décembre, avant qu'il ait été procédé à la vérification
du bordereau de liquidation des remises et de
l'état des droits et produits constatés de l'année.

N° 2.

INVENTAIRE GÉNÉRAL

Des Pièces justificatives des Dépenses et Versemens
compris dans le Compte du Receveur, pour l'année.

Des imprimés sont fournis par l'Administration.

Cet Inventaire est fait dans les quinze premiers jours de janvier et remis à l'Employé supérieur.

L'inventaire général des pièces de dépenses doit être fait avec le plus grand soin, puisqu'il doit servir, en quelque sorte, de moyen de contrôle à la Cour des Comptes pour la vérification du compte d'année.

Il est fait en double expédition : l'une est jointe au compte d'année, et l'autre reste au bureau.

Pour le former, voici la marche à suivre :

On prend, sur le journal de dépenses, toutes les dépenses de *même nature*, depuis le premier janvier jusqu'au 31 décembre, et on les inscrit *séparément* sur l'inventaire, *par ordre de dates*, en suivant, toutefois *littéralement* l'ordre indiqué par le compte, pour chaque nature de dépense. Chaque somme est, *séparément*, portée dans la cinquième colonne,

de manière à former autant d'articles qu'il en a été
inscrit sur le journal de dépenses.

L'avant-dernière colonne doit contenir les totaux
par nature de dépense. Pour la remplir on réunit,
dans une accolade, toutes les dépenses de même
nature ; on fait le total de chaque accolade ; et , si
l'opération est juste, on doit avoir, dans cette colonne, identiquement les mêmes sommes portées
dans la première colonne des différens totaux relatifs à la dépense, pages 11 , 12 et 13 du compte.

Quant à la dernière colonne de l'inventaire, elle
est destinée à contenir les totaux par article, du
compte ; par conséquent elle doit être entièrement
pareille à l'avant-dernière colonne de la page 11 et
à la dernière colonne des pages 12 et 13 dudit
compte.

Le total général de la dépense doit être pareil
à celui de la récapitulation générale, page 13 du
compte.

On a dit tout-à-l'heure que toutes les dépenses
de même nature devaient être portées, *séparément*,
dans l'inventaire ; il y a toutefois une exception
à cette règle. Cette exception concerne les *remises
du receveur*. Ainsi , au lieu de faire, comme pour
les versemens , le détail, mois par mois, des remises perçues périodiquement par le receveur, et portées en douze articles (et même davantage dans le

cas d'intérim) sur le journal de dépenses, on ne fait qu'un seul article, ayant pour titre : *Remises ordinaires du Receveur,* et l'on porte, dans les trois dernières colonnes, la totalité des remises, telles qu'elles ont été liquidées, suivant le bordereau de liquidation des remises.

La raison pour laquelle on ne fait qu'un seul article, c'est qu'il n'est justifié à la Cour des Comptes que d'une seule pièce justificative de cette dépense; cette pièce est la *quittance* du receveur, accompagnée du bordereau dûment arrêté, faisant connaître le total des recettes, le taux de la remise, la qualité et le temps du service de chacun des préposés qui ont géré successivement le bureau pendant l'année.

Dans la seconde colonne relative au nombre de pièces, on en porte toujours *deux* à l'article *Remises du Receveur,* parce qu'il y en a réellement deux, la *quittance* et le *bordereau.* Si le bureau a été géré, pendant l'année, par plusieurs receveurs ou intérimaires, dans ce cas on ne fait encore qu'un *article,* et on ne porte, dans la seconde colonne, que *deux pièces,* parce qu'on ne fait qu'un *seul bordereau,* et qu'il n'y a qu'une *seule quittance* donnée par celui qui exerce au 31 décembre (1).

---

(1) Le partage des remises entre les receveurs qui ont géré le bureau pendant l'année, est indépendant du travail de la Cour des Comptes, et

Quant aux autres articles, le nombre des pièces relatives à chaque paiement ayant été porté sur le journal de dépense, ainsi que le prescrivent les Instructions 704 et 930, il est facile de porter, dans cette colonne, le nombre exact des pièces, y compris la pièce principale.

En comptabilité, tout est important, et les choses qui peuvent paraître les moins utiles, par leur nature, sont quelquefois celles qui le sont le plus. Ainsi, en n'énonçant pas avec justesse le nombre des pièces de dépenses, l'inventaire est l'objet, à la Direction ou à la Cour des Comptes, d'un travail rectificatif qui n'est jamais de nature à faire présumer de beaucoup d'ordre de la part de celui qui a fait l'erreur. Si l'on n'est pas parfaitement assuré d'avoir porté exactement sur le journal le nombre des pièces à chaque article de dépense, on a, entre les mains, un moyen de contrôle pour faire une vérification : on compose le journal de dépense avec le double des inventaires par mois qui restent au bureau, et l'on s'assure de la concordance qu'il y a entre le nombre de pièces portées sur le journal de dépenses, et le nombre porté dans

ne peut avoir aucune influence sur la marche que nous traçons. Voici comment s'opère ce partage : le receveur en exercice tient compte à ses prédécesseurs de ce qu'il peut leur revenir pour parfaire la portion de remises à laquelle ils ont droit, ou se fait rendre par eux ce qu'ils ont reçu de trop.

la quatrième colonne de ces douze inventaires. On doit toujours s'en rapporter de préférence à ces derniers, attendu qu'ils ont été soumis à M. le Directeur, qu'ils ont été l'objet d'une vérification approfondie, et que, s'il y a eu des erreurs, elles ont été rectifiées.

N° 4.

PROCÈS-VERBAL

Des Valeurs en caisse au 31 décembre.

Des imprimés sont fournis par l'Administration.

Ce Procès-Verbal est fait dans les quinze premiers jours du mois de janvier.

(Instruction générale du 26 décembre 1820 , n° 962, et du 5 décembre 1821 , n° 1,009.)

Un arrêté du ministre des finances, du 9 novembre 1820, est ainsi conçu :

« Art. 2. — L'existence des valeurs en caisse et
» en portefeuille, dont les préposés se trouveront
» dépositaires à la fin de la gestion annuelle, sera
» constatée par un procès-verbal dressé, soit par
» les agens administratifs qui surveillent la gestion
» des comptables dans les départemens, soit par
» les autorités locales , suivant l'organisation parti-
» culière du service de chaque régie. »

D'après ces dispositions, le montant des fonds existant en caisse le 31 décembre, est constaté par les maires, leurs adjoints ou juges de paix. Le procès–verbal qui est dressé, doit être rédigé en double minute, selon le modèle fourni par l'administration

et signé par le magistrat et le receveur. L'un des doubles est transmis à la Direction, l'autre reste au bureau.

Le 31 décembre, à 4 heures de relevée, le receveur invite le maire, son adjoint ou le juge de paix à se transporter à son bureau, il compte devant lui les valeurs en caisse, et le procès-verbal qui est dressé, indique la nature et le nombre de chaque pièce.

INVENTAIRE
Des Papiers timbrés et Formules de Passe-Ports et Permis de Chasse.

Le receveur compte, en présence du magistrat, les papiers timbrés, les formules de passe-ports et les permis de chasse existant à son bureau au 31 décembre, et le nombre trouvé est porté dans le tableau dressé, à cet effet, au verso du procès-verbal des valeurs en caisse dont on vient de parler.

Comme, en comptabilité, on n'admet pas de fraction de feuilles, toute feuille de papier timbré qui n'aura été débitée qu'en partie, sera comptée comme débitée en totalité.

(Circ. Comp. n° 3, 11 et 43, § 3.)

Le procès-verbal du nombre de feuilles, contiendra le total, en toutes lettres, de chaque nature de papiers, et sera signé par le magistrat et le receveur.

N⁰ 4.

ÉTAT

Des Droits et Produits constatés à la charge des Redevables de l'Etat pour l'Exercice courant, et situation des Recouvremens au 31 Décembre.

Des Imprimés sont fournis par l'Administration.

Cet État doit être dressé dans les quinze premiers jours de janvier, et remis à l'Employé supérieur.

Cet état est, sans contredit, le plus important et, en même temps, le plus difficile à faire. C'est lui qui doit servir de base à la formation du compte d'année.

Son but est de faire connaître :

1° *Les droits constatés à la charge des redevables de l'Etat ;*

2° *Les recouvremens effectués sur ces droits ;*

3° *Les recouvremens restant à faire.*

On va examiner chacun de ces trois points séparément :

1° *Droits constatés à la charge des redevables de l'état :*

Ces droits se divisent en deux classes : La première comprend les droits et produits qui sont recouvrés en même temps qu'ils sont constatés et liquidés, c'est-à-dire, ceux dont le paiement a lieu au moment où s'accomplissent les formalités de l'enregistrement du timbre, des hypothèques, etc. On les désigne sous le titre de *Droits au comptant.* La seconde classe se compose des droits et produits dont la reconnaissance et la liquidation précèdent le recouvrement, qui est le résultat de démarches et de poursuites de la part des préposés : tels sont les frais de justice, les amendes de condamnations, et d'autres produits définitivement liquidés et constatés, et qui doivent être préalablement consignés sur des sommiers spéciaux. On les désigne sous le titre de : *Droits et Produits à recouvrer.*

La première colonne de l'état doit contenir les reports de l'exercice précédent à l'exercice courant. Pour la remplir, on copie le troisième article de la récapitulation mise, par le Directeur, au verso de l'état des restes à recouvrer au 30 septembre précédent.

Dans la seconde colonne des droits au comptant, on porte les produits de tous les registres de formalités, et des registres de recettes pour le compte de l'État, autres que ceux des droits et produits constatés. Il faut bien faire attention de ne pas porter dans cette colonne, aux droits d'enregistrement, la récapitulation générale pages 14 et 15 du livre de dépouillement, sans en avoir déduit préalablement les droits constatés d'enregistrement portés dans les deux premières colonnes du registre de recettes des droits constatés n° 1er, pour les inscrire dans la troisième colonne des droits et produits à recouvrer.

Cette 3e colonne doit contenir le montant de tous les droits et produits consignés pendant toute l'année sur tous les sommiers des droits constatés à recouvrer, établis par l'instruction générale n° 1358, et sur lesquels les résultats de chaque mois se reportent et se totalisent successivement jusqu'à la fin de l'année.

Afin de ne pas confondre les sommiers des droits constatés avec les autres sommiers, voici la nomenclature des premiers.

On compte huit sommiers des droits et produits constatés à recouvrer, qui sont :

1° Le sommier des droits d'enregistrement, de timbre (visa) et de greffe.

2° Le sommier des droits d'hypothèque ;

3° Le sommier des amendes de condamnations et de perceptions diverses ;

4° Le sommier des revenus et prix de vente de mobilier ;

5° Le sommier des prix de vente de domaines ;

6° Le sommier des produits accidentels ;

7° Le sommier des forêts ;

8° Et le sommier du prix de vente d'objets mobiliers et immobiliers provenant des ministères.

Après avoir fait le total général pour l'année sur chaque sommier des droits et produits constatés, il faut avoir soin de retrancher de ces totaux les *droits et produits qui proviennent du précédent exercice*, et qui ont été reportés à l'exercice courant, d'après les ordres de M. le Directeur, mises au verso des états des restes à recouvrer au 30 septembre précédent.

En effet, si cette déduction n'était pas faite, il y aurait un double emploi, puisque les sommes reportées de l'exercice précédent à l'exercice courant ont été portées dans la *première colonne de l'état*, ainsi qu'il est expliqué plus haut.

Cette première colonne n'a été établie que pour présenter la *distinction* des droits et produits des deux exercices.

La quatrième colonne, présentant le total des droits constatés, est formée au moyen de la réunion des trois premières colonnes.

2° *Les recouvremens effectués sur ces droits :*

L'avant dernière colonne doit contenir les recouvremens effectués jusqu'au 31 décembre de l'année. Pour la remplir, on copie les recettes portées sur le sommier de dépouillement.

3° *Les recouvremens restant à faire :*

Enfin, la dernière colonne est consacrée à porter les restes à recouvrer au 31 décembre. Pour la former, on retranche la cinquième colonne de la quatrième, et le résultat de cette opération doit présenter les recouvremens restant à faire à la fin de l'année. Les différentes sommes portées dans cette dernière colonne doivent être semblables aux résultats obtenus sur chacun des sommiers des droits constatés, par la situation établie au 31 décembre sur chacun d'eux séparément.

Les droits et produits constatés devant ainsi former, relativement aux contributions et revenus publics, la base principale des comptes, il est indispensable qu'ils y soient portés avec le plus grand soin, sous le rapport des sommes et sous celui de leur classement par nature. Pour arriver à ce but, il faut, avant de former le bordereau des recettes et des dépenses du mois de décembre, vérifier avec soin les sommiers des droits et produits constatés jusqu'au dernier jour de l'année, afin de s'assurer qu'il ne reste aucun article à consigner sur ces sommiers, et que tous les articles consignés l'ont été régulièrement. Il convient aussi de vérifier les registres de recette correspondans.

Ces opérations doivent donner la preuve, pour chaque nature de droits ou de produits, que le nombre et le montant des articles portés en recette pendant l'année, et des articles restant à recouvrer au 31 décembre, forment exactement le nombre et le montant total des articles consignés sur les sommiers (1).

(1) Pour simplifier leur travail, MM. les employés supérieurs qui doivent présider à la rédaction des comptes des receveurs, pourraient engager ceux-ci à conserver, pour leur être représentées, les pièces justificatives de ces vérifications.

N° 5.

BORDEREAUX

De Liquidation des Remises du Receveur pour l'Année.

Des Imprimés sont fournis par l'Administration.

Ce Bordereau est fait en double expédition dans les quinze premiers jours de janvier. L'une est remise à l'Employé supérieur, l'autre reste au bureau.

(Instructions générales n°s 479, 1182 et 1464.)

Les remises attribuées à titre de traitement aux receveurs, sont proportionnelles à l'importance des recettes.

Le décret du 25 mai 1810 fixe ainsi qu'il suit la remise ordinaire des receveurs des droits d'enregistrement, de timbre, de greffe, des amendes et autres recettes y jointes :

> Sur les premiers 10,000 fr. . .   8 p. 0/0
> De 10,000 à 50,000 fr. . . .   3 p. 0/0
> De 50,000 à 130,000 fr. . . .   2 p. 0/0
> De 130,000 à 300,000 fr. . .   1 p. 0/0
> De 300,000 à 700,000 fr. . . 1/2 p. 0/0
> Au-dessus de 700,000 f. indéfin^t. 1/4 p. 0/0

Les remises des receveurs des domaines sont les mêmes. *(Instr. 1182.)*

Le *minimum* des remises est de 800 fr. (*Ordonnance Royale du 8 décembre* 1819), excepté en ce qui concerne les quatre receveurs des domaines de Paris, pour lesquels il est fixé à 2,500 fr. (*Décision du 21 décembre* 1825), et les receveurs de chefs-lieux d'arrondissement, en Corse, pour lesquels il est de 1,200 fr.

La remise des conservateurs des hypothèques, réunissant d'autres attributions, est de 10 p. 0/0. jusqu'à 10,000 fr. de recettes. Ces préposés n'ont pas droit au *minimum* de 800 francs dans le cas où leurs recettes sont inférieures à 10,000 fr. (*Ordonnance du 8 décembre* 1819).

La remise des conservateurs des hypothèques qui n'ont pas d'autres attributions, est uniformément de 2 p. 0/0 sur le montant de leurs recettes. (*Ordonnance du 24 février* 1832).

On ne fait pas entrer dans le calcul des sommes sur lesquelles se règlent les remises :

1° La contribution ordinaire du dixième en sus du droit, ou le décime par franc perçu en vertu de la loi du 6 prairial an VII, et maintenu par les lois de finances successives, sur les amendes, les droits d'enregistrement, de greffe et d'hypothèque ;

2° La perception des saisies faites à l'intérieur pour le compte de l'administration des douanes ;

3° Les fonds de retraites provenant des retenues;

4° Les fonds de subvention reçus ;

5° Les recettes par viremens entre les receveurs ;

6° Les recouvremens ou régularisations d'avances ;

7° Les fonds particuliers des receveurs ;

8° Les droits et amendes indûment perçus et restitués, autres que les amendes consignées, décime déduit.

Lorsqu'il s'agit de calculer les droits d'un intérimaire , on procède d'après les principes suivans :

On n'admet, comme traitement réel et personnel des receveurs, que les 2/3 des remises dont le taux est indiqué ci-dessus ; le dernier tiers représente les frais de loyer et de bureau ; il est en outre considéré comme indemnité de la responsabilité du comptable.

Si l'intérim d'un bureau , en cas de vacance d'emploi, est confié à un surnuméraire , celui-ci a droit , pendant sa gestion, à la totalité des remises. Mais si le bureau est géré par un inspecteur ou un vérificateur, ce dernier ne reçoit, en conservant son traitement , que le tiers des remises , à titre de frais de bureau.

Le surnuméraire qui remplace un comptable absent par congé ou pour cause de maladie, n'a également droit qu'au tiers des remises.

La quotité de la remise annuelle allouée aux receveurs et conservateurs étant subordonnée à l'éventualité des produits, on prend pour base de la liquidation des remises afférentes à chacun des neufs premiers mois de l'année, le douzième de la remise totale allouée pour l'année précédente. C'est par les décomptes des trois derniers mois que la quotité des remises est ramenée au taux réellement dû d'après les recettes de l'année.

Les remises calculées sur cette règle sont comprises dans les états que les Directeurs ont à fournir, le 10 de chaque mois, au Directeur général, pour baser la demande d'ordonnancement à présenter au ministre des finances.

Par suite de cette demande, des crédits sont délégués aux Directeurs, et seront à l'imputation des mandats de paiement que ces fonctionnaires délivrent en fin d'année, au nom des receveurs et conservateurs en fonctions, qui les revêtent de leur acquit.

Si un bureau a été régi dans l'année par plusieurs receveurs, chacun d'eux a droit de participer à la remise totale, réglée suivant les bases ci-dessus, en raison du temps de son exercice et non proportionnellement à la recette effectuée pendant sa durée. Toutefois les décomptes définitifs de fin d'année sont dressés au nom seul du titulaire en exercice ;

celui-ci tient compte à ses prédécesseurs de ce qui peut leur revenir pour parfaire la portion de remises à laquelle ils ont droit, ou se fait rendre par eux ce qu'ils ont reçu de trop.

A l'égard des remises d'un receveur dont les attributions ont été modifiées dans le courant d'une année, soit par division, soit par réunion de bureaux ou de cantons, les droits de ce receveur s'exercent distinctement pour chaque partie de l'année où ses attributions ont varié, et comme s'il avait géré des bureaux différens.

Les remises des receveurs de l'enregistrement et des domaines et celles des conservateurs des hypothèques, ainsi que les salaires de ces derniers, sont assujettis, dans leur intégralité, aux retenues imposées au profit de la caisse des retraites.

(Règlement de Comp. du 26 janvier **1846.***)*

Il était indispensable de poser ces principes généraux avant de dire comment on doit procéder à la liquidation des remises.

S'il ne s'agissait que de calculer les remises sur la totalité des recettes d'après le taux établi ci-dessus, ce serait facile; mais le travail principal, c'est la recherche du *montant exact* des déductions à opérer.

Voilà l'écueil auquel les surnuméraires et les nouveaux receveurs peuvent venir se briser facilement.

On ne saurait apporter trop de soin à cette opération, car les erreurs dont elle serait entachée influeraient à la fois sur le montant des remises et sur les retenues et prélèvemens au profit de la caisse des retraites.

Voici la manière de procéder :

On relève la totalité des recettes faites pendant l'année , suivant la récapitulation page 7 du compte.

DÉDUCTIONS.

On déduit :

Premièrement : Le décime 1° des recettes de l'année expirée , 2° de celles de l'exercice courant , 3° et des amendes forestières *sur les deux exercices* ; le dixième des attributions des greffiers de première instance et de commerce ne se déduit plus; ce décime est passible de remise , aux termes de l'Instruction générale du 16 mai 1845 , numéro 1729.

(*Journal de l'Enregistrement, art.* 12,822, § 3.)

Deuxièmement : La perception des saisies faites à l'intérieur pour le compte de l'administration des douanes ;

Troisièmement : Les fonds de retraite.

Les fonds de retraite peuvent se composer :

1° De la retenue à cinq pour cent sur les remises ;

2° Du tiers de la remise pour absences par congés ;

3° Et du premier mois de traitement ou douzième de l'augmentation, par suite d'avancement.

Quant à la retenue à cinq pour cent, on la prélève sur le total de la remise pour l'année, que l'on fixe à raison des quotités indiquées ci-dessus, après avoir fait les déductions exigées.

Relativement au tiers de la remise pour absence par congé, comme le surnuméraire qui a régi le bureau a droit de participer à la remise totale, en raison du temps de son exercice, et non proportionnellement à la recette effectuée pendant sa durée, il faut calculer le *nombre de jours* qu'a duré l'intérim, en faisant attention qu'en comptabilité les mois n'ont que trente jours (1), et prendre, pour ce nombre de jours, le tiers calculé d'après la remise générale de l'année, *sous la déduction* toutefois de la RETENUE A CINQ POUR CENT; en effet, la caisse des retraites est substituée, dans ce cas, aux droits des préposés; elle ne peut pas recevoir plus qu'ils n'auraient touché eux-mêmes. Or, comme

(1) Chaque mois compte pour trente jours; ainsi, quand le nombre des jours d'absence comprend les derniers jours d'un mois qui a plus ou moins de trente jours, l'indication de la durée de l'absence doit être réduite si le mois a plus de trente jours, ou augmentée comme si le mois a trente jours.

les préposés auraient subi sur cette portion de traitement, s'ils l'eussent reçue, la retenue au profit du trésor, au même taux que sur le surplus de leurs appointemens, il s'ensuit que la caisse des retraites doit également la supporter, et qu'il ne doit lui être attribué que le *net* après la déduction de cette retenue.

Enfin, quant au premier mois de la remise ou douzième de l'augmentation par suite d'avancement, le receveur ne peut craindre de faire des erreurs, attendu que c'est le Directeur qui a dû fixer lui-même, à l'arrivée du receveur, la somme à porter en recette aux opérations de trésorerie. Cette somme, une fois portée en recette, ne peut plus être changée.

Le Directeur établit la valeur du nouvel emploi sur l'année moyenne des cinq dernières années qui précèdent la nomination, en retranchant la plus forte et la plus faible, en tirant le tiers des trois autres (*Instr.* n° 1530), et en portant ce tiers en somme ronde, c'est-à-dire en négligeant la fraction au-dessous de 50 fr., ou en élevant à 100 fr. la fraction de 50 fr. et au-dessus. La valeur du nouvel emploi étant ainsi fixée, on en rapproche celle de l'emploi précédent, telle, et sans y rien changer, qu'elle a été déterminée pour fixer le dernier prélèvement supporté par le préposé. La différence entre ces deux termes est le montant brut de l'augmentation résultant de la nouvelle nomination. On en déduit la retenue à cinq pour cent, déjà faite sur le total des remises pour l'année, et, c'est le restant net, après cette déduction, qui est passible du prélèvement du douzième au profit de la caisse des retraites.

(Circ. Comp. du 22 août 1846, n° 68.)

Quatrièmement. Les fonds de subvention reçus :

On déduit les fonds de subvention portés aux opérations de trésorerie, page 9 du sommier de dépouillement.

Cinquièmement. Les recettes par viremens :

On déduit toutes celles portées à la page 9 du sommier de dépouillement.

Sixièmement. Les recouvremens ou régularisations d'avances :

Le total porté aux opérations de trésorerie, page 9 du sommier de dépouillement.

Septièmement. Fonds particuliers du receveur :

Le total porté à la page 9 du sommier de dépouillement.

Huitièmement. Droits restitués :

Les droits et amendes indûment perçus et restitués, autres que les amendes consignées, ne doivent être déduits que pour le principal seulement. Cependant, à l'égard des restitutions provenant de résultat de vérifications de régie, comme ces restitutions sont souvent le résultat d'une compensation de diverses erreurs, on doit les déduire en masse sans rechercher le décime (1). (*Journal de l'Enregistrement, art.* 13,005, § 1er.)

De même, quand il y a remboursement au receveur des erreurs à son préjudice constatées par le procès-verbal de vérification de régie, ces remboursemens doivent, comme les restitutions de droits et d'amendes indûment perçus, être distraits du montant des produits dans la liquidation de la remise. (*Délibération du Cons. d'Admin. du* 13 *novembre* 1840.)

(*Circ. Comp. du* 31 *décembre* 1840, *n*°53, § 7.)

J'ai cherché à présenter tous les documens qui pouvaient être de nature à faciliter la liquidation des remises; mais comme il y a des explications qu'il est difficile de donner, parce qu'elles échappent à l'analyse, je crois qu'il n'est pas sans utilité de mettre ici sous les yeux des employés qui ne se sont pas encore familiarisés avec ce travail, un modèle du décompte de la retenue au profit du trésor.

---

(1) Pour faciliter à MM. les employés supérieurs chargés de la tournée de comptabilité la vérification du bordereau de liquidation des remises, les receveurs feront bien de dresser un état détaillé, en simple minute, des restitutions de droits effectuées dans le cours de l'année.

On trouvera peut-être que ce modèle est trop élémentaire, parce qu'il est trop détaillé, mais je ferai remarquer qu'en comptabilité il n'y a pas de petite erreur, et que les explications catégoriques, pour les éviter, ne sont jamais hors de saison.

MODÈLE

Pour la Liquidation des Remises.

On suppose que les recettes brutes de l'année sont de. . . . . 36,450 f. 70 c.

A DÉDUIRE :

Pour décime des deux exercices, retenues diverses pour la caisse des retraites, viremens, droits restitués, etc., etc., un total de. 3,475 91

Reste sujet à remises. . . 32,974 f. 79 c.

Sur 10,000 fr. à 8 p. 0/0. . . . . . 800 »
Sur 22,974 fr. 79 c. à 3 p. 0/0. 689 24

t'd. p" 32,974 fr. 79 c. tot' de la r" 1,489 24 [1]

PRÉLÈVEMENS

Au profit de la Caisse des Recettes.

1° A 5 p. 0/0 sur 1,489 fr. 24 c., le vingtième, ce qui fait. 74 46

[1] Pour le receveur, on ne force pas le centime. (*Circ. du Ministre des Finances, du 20 janvier 1840, § 3.*)

Report.   74   46

2° *Douzième de l'augmentation* des remises : ce douzième doit avoir été porté en recette, lors de l'entrée en fonctions du receveur, total net de. .   36   93

3° *Retenues pour absence par congé,* du 12 octobre au 31 décembre, savoir :

1° *Octobre.* Du 12 au 30, 19 jours, (le 31 ne compte pas.), ci. . 19

2° *Novembre.* Le mois en-tier. 30

3° *Décembre.* Le mois entier (le 31 ne compte pas). . . . 30

Total 2 mois 19 jours. . .   79 jours.

Le traitement brut de l'année est de. . . . .   1,489 f. 24 c.

Pour un mois, 1/12 de.   124   10   3

Pour dix jours, 1/3 d'un mois.   41   36   8

Pour un jour, 1/10 de dix jours.   4   13   68

A reporter. . . 111   39

Report. . . 111 39

Ainsi 2 mois

donnent :	248	20	60	
10 jours.	41	36	80	
5 jours.	20	68	40	314 f. 39 48
2 jours.	2	6	84	
2 jours.	2	6	84	1/3

2 m. 19 jours.

Le tiers à la caisse des retr^{tes} 104   79 83

Ainsi, le tiers attribué à la caisse des retraites pour absence par congé est de . . . . , ... 104 f. 80 c. [1]

Mais, la totalité des remises étant déjà frappée de la retenue à 5 p. 0/0, il faut déduire ici ces 5 p. 0/0 sur 104 f. 80 c. ce qui fait. 5   24

Reste pour la retenue nette pour congé, au profit de la caisse des retraites. 99   56 ci. 99 56

Total général des retenues (à porter en recette) pour l'année. 210 95

(1) Pour la retenue au profit de la caisse des retraites, on force le centime lorsque le dernier chiffre est au-dessus de 5. Cette règle a l'avantage de prévenir toute diversité dans la rédaction des décomptes, en même temps qu'il n'en résulte aucun préjudice pour les receveurs.

N° 6.

ÉTATS

Des Droits constatés à recouvrer au 30 Septembre sur l'Exercice précédent (1).

Des imprimés sont fournis par l'Administration.

Ces États sont remis à l'Employé supérieur chargé de la tournée de Comptabilité.

(*Instruction générale n° 1358. — Circulaire Comptabilité du 25 août 1834, n° 35.*)

Ces états sont ceux que le receveur a dressés au 30 septembre, des articles appartenant à l'exercice précédent, restant à recouvrer à l'époque de la clôture de cet exercice sur les sommiers des droits constatés, et qui ont été renvoyés par le Directeur pour être joints au compte d'année :

Ces états ont été dressés en double expédition; la minute, destinée à rester au bureau, doit être apostillée des écritures et observations mises par le Directeur sur l'expédition.

(1) Nous ne donnons pas ici la manière de faire ces états, parce qu'ils ne sont pas faits en même temps que les comptes d'année; ils ont été dressés dans les quinze premiers jours du mois d'octobre précédent. (Voir le n° 12 ci-après, qui explique la manière de procéder à leur formation.)

La minute et l'expédition doivent présenter dans les deux dernières colonnes l'annotation exacte des numéros de report, soit au sommier des amendes (exercice courant), soit à celui des surséances, suivant ce que M. le Directeur aura prescrit pour chaque article. (*Circ. Comp., n° 37, § 7*).

Pièces et Certificats. — Toutes les pièces et certificats à annexer aux états des restes à recouvrer, doivent servir à justifier de l'annulation régulière des articles admis comme irrécouvrables.

Il faut les classer dans l'ordre où les articles figurent sur les états à l'appui desquels elles sont produites, et indiquer, à la marge de ces pièces, le numéro de l'article du sommier qu'elles concernent ; porter sur celles de ces pièces qui sont destinées à justifier l'admission en non-valeur de plusieurs créances sur le même débiteur, les numéros des divers articles auxquels elles se rattachent ; et, relativement aux amendes et frais de justice qui sont admis en non-valeurs, pour cause de renvoi à un autre bureau chargé du recouvrement, produire le bulletin de renvoi contenant le certificat de consignation sur le sommier de ce bureau, dûment signé du receveur.

(Circ. Comp. n° 40, § 8.)

Nº 7.

PIÈCES DE DÉPENSES

Pour Transport de Registres et Impressions.

Elles sont remises à l'Employé supérieur, lors de la tournée de comptabilité.

(*Circulaire Comptabilité, nᵒˢ 16 et 32.*)

Ces pièces de dépenses sont les quittances des facteurs ou commissionnaires chargés du transport
des paquets du chef-lieu du département au chef-
lieu de canton. Elles sont enliassées et classées par
ordre de dates et renfermées dans une chemise sur
le recto de laquelle on forme un petit état contenant un numéro d'ordre que l'on place sur chaque
pièce, et le montant de chaque pièce ; on fait un
total qui doit concorder avec l'article 2 de la première section du chapitre 3 de la dépense, page
11 du compte d'année.

N° 8.

PIÈCES DE DÉPENSES

Pour Transport de Papiers timbrés.

Elles sont remises à l'Employé supérieur chargé de la tournée de comptabilité.

(*Circulaire Comptabilité, n° 16 et 32.*)

Il faut avoir soin de ne pas confondre ces pièces de dépense avec celles qui concernent les registres et impressions. Elles doivent être classées séparément et renfermées dans une chemise sur laquelle on dresse un petit état contenant le numéro d'ordre que l'on place sur chaque pièce, et une colonne dans laquelle on porte le montant de chaque pièce. On fait au bas un total qui doit concorder avec celui porté dans la première colonne du chapitre 3 de la dépense, 2ᵉ section, article 5ᵉ, page 11 du compte d'année.

Ces pièces sont les quittances des facteurs ou commissionnaires, mises au bas des lettres de voiture adressées au receveur par le garde-magasin du timbre.

N° 9.

ÉTAT

Des Formules de Passe-Ports destinées à des indigens , délivrées sur les demandes des Maires, par le Receveur de l'Enregistrement, pendant l'année.

Cet État doit être dressé dans les quinze premiers jours de janvier, et remis à l'Employé supérieur.

Voir modèle de cet État, 5ᵉ partie , n° 27.

(*Instruction générale, n° 921. — Circulaire Comptabilité, du 20 novembre 1832 , n° 27.*)

Aux termes de l'Instruction générale, n° 921, les receveurs délivrent les formules de passe-ports pour les indigens, sur la demande des maires , énonçant les noms des personnes auxquelles elles sont destinées, et ils produisent l'état des formules qu'ils ont délivrées , pour leur décharge , au soutien de leur compte , avec les lettres de demandes.

Cet état doit être vérifié par le sous-préfet et visé par le préfet.

Autrefois, il était dressé tous les trimestres, maintenant il n'est plus fait que par année.

S'il n'y a pas eu de débite dans l'année , on fournit un certificat négatif.

(*Instr. gén. du 13 janv. 1835 , n° 1474.*)

N° 10.

INVENTAIRE

Des Pièces justificatives des Avances restant à recouvrer ou à régulariser au 31 décembre, suivant la situation établie dans le compte du Receveur pour l'année.

Il doit être dressé en double expédition, dans les quinze premiers jours de janvier, et remis à l'Employé supérieur.

Voir le modèle de cet Inventaire, 5ᵉ partie, n° 28.

(Circulaire Comptabilité, n°ˢ 11, 12, 13, 16, 27, 35, 38, 44, 62; Instruction générale du 1ᵉʳ décembre 1837, n° 1551.)

Les avances à charge de recouvrement ou de régularisation, que les receveurs de l'enregistrement sont autorisés à faire des deniers de leur caisse, forment autant de créances au profit de l'état. Il est donc nécessaire que ces préposés conservent avec soin les pièces justificatives de ces avances, et en suivent le recouvrement dès qu'il est devenu exigible. Si, pour l'instruction des instances, ils se trouvent dans le cas de se dessaisir de certaines pièces de cette nature, ils doivent en constater l'envoi sur le registre de correspondance, et en réclamer un accusé de réception qui en énonce l'objet et le montant, et qui leur tienne lieu de ces pièces jusqu'à leur réintégration au bureau.

Il existe plusieurs espèces d'avances à charge de recouvrement ou de régularisation, savoir :

1° Les frais de justice militaire ;

2° Les frais de poursuites et d'instances concernant l'administration des forêts ;

3° Les frais de poursuites et d'instances concernant l'administration de l'enregistrement et des domaines ;

4° Les frais de témoins appelés devant les conseils de discipline de la garde nationale ;

5° Et les frais en matière d'expropriation pour cause d'utilité publique.

Le laps de temps quelquefois considérable qui s'écoule entre le moment où ces avances sont effectuées et celui où le remboursement peut en être exigé, fait qu'elles pourraient être perdues de vue, et que même les pièces qui les constatent, pourraient s'égarer. Pour parer à cet inconvénient, les receveurs, après avoir inscrit sur le journal de dépense chaque avance au moment où elle a été faite, la consignent sur le sommier des opérations de trésorerie, et en tirent le montant hors ligne, dans la colonne où elle doit figurer selon sa nature. Si plusieurs avances, pour frais judiciaires, sont faites successivement pour la même affaire, des numéros de renvoi l'indiquent.

On suit le remboursement des avances dès qu'on

a droit de l'exiger d'après les règlemens ; on mentionne sur le sommier, en marge des articles, les recouvremens ou régularisations effectués, et on en passe écriture sur le registre de recettes des opérations de trésorerie. On reporte les avances qui restent à recouvrer au 31 décembre de chaque année sur le sommier de l'année suivante, en ayant soin de réunir celles qui sont relatives à la même affaire.

A la fin de chaque année, le receveur dresse un inventaire des pièces justificatives des avances restant à recouvrer au 31 décembre. (Ceci s'applique notamment aux frais de poursuites et d'instances concernant les forêts, tels que les actes et inscriptions hypothécaires ayant pour objet le recouvrement des condamnations forestières ; aux frais de poursuites et d'instances concernant l'enregistrement, tels que les divers actes de poursuites et d'instances, les inscriptions hypothécaires pour les frais de justice, pour les amendes ordinaires, etc., en tant que ces divers frais avancés ou consignés sur le sommier des opérations de trésorerie, n'auraient pas été recouvrés ou régularisés avant le 31 décembre de chaque année.)

Cet inventaire, comme on le voit par le modèle que nous donnons, doit présenter, non-seulement l'indication des pièces existant entre les mains du receveur, mais encore le montant des avances, par articles et par nature. Cette situation devra offrir un résultat conforme à celui du sommier des opérations de trésorerie, et à celui que l'on a établi à la page 13 du compte d'année. (*Circ. Comp. du* 12 *décembre* 1835, *n*° 38.)

L'inventaire doit être souscrit de la déclaration de l'employé supérieur, portant que toutes les pièces y énoncées lui ont été représentées.

N° 11.

ÉTATS

Détaillés des Frais tombés en non-valeur. — (Produits forestiers, Amendes, Frais de Justice.)

Ces États, au nombre de trois, doivent être adressés à la Direction dans les quinze premiers jours du mois de mars de chaque année.

Voir le modèle de ces États, 5ᵉ partie, n° 29.

Après avoir parlé de l'inventaire des pièces justificatives des avances restant à recouvrer au **31** décembre, c'est ici le cas de s'occuper de suite de l'état des frais tombés en non-valeur, avancés par le receveur de l'enregistrement.

Immédiatement après la reddition des comptes d'année, c'est-à-dire vers le **15** janvier au plus tard, les receveurs doivent s'occuper de la régularisation des frais de poursuites avancés pour parvenir au recouvrement des sommes résultant des condamnations judiciaires ou administratives, et qui seraient tombées en non-valeur par suite de l'insolvabilité régulièrement constatée des débiteurs, ainsi qu'il appert de l'arrêté du Directeur, sur les états produits en fin d'exercice des articles restant à recouvrer, savoir : 1° en matière de délit forestier; 2° en

matière de simple police, correctionnelle, chasse ;
3° Et en matière de frais de justice exclusivement,
de police du roulage, et d'autres dont les droits ont
été constatés sous tout autre titre que celui d'a-
mendes attribuées aux communes.

Ces frais qui, suivant leur nature, sont rem-
boursables, soit sur le budget de l'administration
forestière, soit sur le produit du fonds commun, soit
par l'administration de l'enregistrement, doivent
dès lors faire l'objet de trois états distincts, inti-
tulés comme il suit :

Etat détaillé des frais tombés en non-valeur,
avancés par le receveur de l'enregistrement, pour
le recouvrement des condamnations pécuniaires
prononcées contre des individus dont l'insolvabilité
a été régulièrement constatée (*produits forestiers,
ou amendes de simple police, correctionnelle et de
chasse, ou frais de justice sans amendes, amendes de
roulage,* etc.) et divisés en cinq colonnes, suivant
le modèle que nous donnons au numéro 14 de
la cinquième partie.

Ces états ainsi rédigés doivent, après avoir été
taxés, être adressés à la Direction avec les pièces
justificatives (bordereaux d'inscriptions et actes de
poursuites, etc.) avant le 15 mars. Il convient
d'ailleurs que ceux comprenant des frais en matière forestière et des frais de justice, soient en

outre accompagnés d'une copie certifiée de la lettre par laquelle le Directeur aura prescrit en fin d'exercice, soit le report au sommier des surséances, soit l'annulation des articles auxquels les frais se rapportent.

Enfin, il faut remplacer par des certificats négatifs ceux des trois états pour lesquels les matières manquent.

N° 12.

ÉTATS

Des Articles à recouvrer à la clôture de l'exercice.

Des Imprimés sont fournis par l'Administration. (1)

Ces États doivent être adressés à la Direction dans les quinze premiers jours du mois d'octobre.

(*Instruction générale du 18 avril 1831 , n° 1358. — Circulaire Comptabilité, n°* 40, 56, 64 *et* 68.)

Le recouvrement entier des droits constatés pendant chaque année doit être effectué dans le cours de cette année et les neuf premiers mois de l'année suivante. On a ainsi 21 mois pour faire rentrer les articles consignés depuis le 1ᵉʳ janvier jusqu'au 31 décembre de chaque exercice.

Lorsqu'au 30 septembre de la deuxième année de l'exercice, époque de la clôture, il reste des articles non recouvrés sur les sommiers des droits et produits constatés du même exercice, le receveur

(1) L'administration ne fournit que les imprimés relatifs *aux amendes et aux forêts.* Quant aux autres sommiers, s'il existe des articles à recouvrer au 30 septembre sur l'exercice précédent, les états doivent être dressés à la main sur des feuilles de papier de la même dimension que les états O et P.

en dresse, pour chaque sommier, un état qui fait connaître, article par article, les causes du défaut de recouvrement. Il y joint, quant aux articles irrécouvrables, les certificats des maires visés par le préfet ou le sous-préfet, constatant que les débiteurs sont insolvables ou inconnus ; pour les autres articles, toutes autres pièces et observations propres à démontrer qu'il a été hors d'état d'en obtenir le recouvrement.

Voici la manière de procéder à la formation de ces états :

Le 30 septembre de chaque année, les receveurs doivent dresser, pour chacun des sommiers des droits et produits constatés de l'exercice expiré, l'état détaillé par articles de ceux de ces droits et produits qui n'auront pu être recouvrés à cette époque.

Il est indispensable que le montant de ces états et celui des recettes réalisées sur l'exercice expiré pendant les neuf premiers mois de l'année, suivant le bordereau du mois de septembre, offrent pour chaque nature de droits et produits, et au total, une somme égale à celle qui restait à recouvrer au 31 décembre précédent, d'après le compte de l'année, tel qu'il a été présenté à la Cour des Comptes Cette règle essentielle n'admet aucune exception, car l'absence de cette conformité de résultats dénoterait des erreurs dans le montant des recettes faites ou des sommes non recouvrées.

La première colonne doit contenir le numéro du sommier. L'état ne doit être, au surplus, que la reproduction exacte du sommier qu'il concerne, et toutes les colonnes seront remplies en y portant les sommes mentionnées dans les colonnes correspondantes dudit sommier.

Il est important de lire la note mise en tête de la deuxième colonne desdits états, qui doit rappeler aux receveurs l'obligation d'y porter les noms de tous les débiteurs, lorsqu'il y en a plusieurs pour le même article, comme il arrive notamment en matière de condamnation à des peines pécuniaires, lorsque les délinquans sont condamnés solidairement ou que les jugemens frappent des individus que la loi rend civilement responsables. Cette énonciation a pour objet de mettre à portée de juger, par les pièces produites, si tous les moyens de recouvrement ont été employés sans succès contre tous les débiteurs, ou si leur insolvabilité n'a pas permis d'exercer de poursuites.

Avant 1836, les quatrième et cinquième colonnes n'existaient pas sur les états, ce n'est qu'à la fin de cette année-là qu'elles ont été ajoutées : la première pour indiquer la date des jugemens ou arrêts, et la seconde pour faire connaître la date de la consignation de chaque article sur les sommiers. Cette modification a été apportée par la Comptabilité générale des Finances, de concert avec l'administration de l'enregistrement et des domaines, afin de pouvoir apprécier les soins donnés par le comptable pour la consignation et la rentrée des sommes dues, et principalement de celles qui proviennent de reports des exercices précédens.

La colonne indicative des causes du défaut de recouvrement est la plus importante et peut-être la moins appréciée, aussi nous étendrons-nous davantage sur cette partie essentielle.

En effet, les receveurs étant personnellement responsables des articles qui, par l'effet de leur négligence, n'auraient pas été recouvrés à l'expiration du délai fixé, comme nous l'avons dit plus haut, et les directeurs ne devant pas admettre en non-valeur, avant que tous les moyens de recouvrement aient été employés sans succès, les articles pour lesquels il n'est pas rapporté de certificat d'indigence, il s'ensuit qu'il est de la plus grande utilité de bien faire ressortir les causes qui se sont opposées à l'apurement des articles portés sur l'état.

Les principales causes qui peuvent venir le plus fréquemment s'opposer au recouvrement des articles portés aux sommiers des droits et produits constatés, sont au nombre de trois, savoir :

1° L'indigence des débiteurs ;

2° La remise ou modérations accordées à des débiteurs ;

3° Le renvoi d'articles à d'autres bureaux.

Examinons séparément ces trois causes :

Premièrement : L'indigence des débiteurs.

Lorsqu'un débiteur se dit indigent, cet état doit être attesté par le maire de la commune où il demeure, et par celui de la commune où ce débiteur est né (quand le jugement l'indique). Il leur est remis, par le receveur, des formules de certificats fournies par l'administration. Ce préposé doit, dans tous les cas, s'abstenir de remplir lui-même la formule, sauf toutefois l'extrait du sommier du bureau, porté en tête du certificat. Il veille à ce que les renseignemens indiqués en marge de la formule soient donnés dans le corps du certificat. Il engage l'autorité municipale à s'expliquer sur les chances que la position du redevable pourrait présenter du retour d'une meilleure fortune. A la suite du certificat d'insolvabilité, le receveur atteste, sous sa responsabilité, qu'il en a vérifié l'exactitude. Lorsqu'il s'agit de condamnation pour délits forestiers, le certificat doit être visé par le garde général des forêts qui, en même temps, fait connaître si le condamné est un délinquant d'habitude ; si comme tel, il a été compris dans les états formés en exécution de l'Instruction n° 1299 , des condamnés dont l'emprisonnement a été reconnu nécessaire pour la répression des délits.

Quand les débiteurs rapportent des certificats constatant qu'ils possèdent ou que leurs père et mère possèdent des meubles ou immeubles, quelque peu importante qu'en soit la valeur, les articles qui les concernent ne peuvent être admis en non-valeur , avant que tous les moyens de recouvremens aient été employés sans succès (1).

(*Circ. Comp. du* 12 *août* 1846, *n°* 68.)

Au 30 septembre , on réunit tous les certificats d'indigence qui ont rapport aux articles portés sur l'état, et on y joint les extraits de jugemens remis au receveur par les greffiers , ou provenant de renvois d'autres bureaux.

Les certificats d'insolvabilité contiennent en tête, comme il vient d'être dit, l'extrait de l'article du sommier des droits et produits constatés auquel ils se rapportent. Cet extrait doit , en général, présenter des sommes identiques avec celles qui sont portées sur l'état des articles restant à recouvrer à la clôture de l'exercice , et à l'appui duquel les certificats sont

_____

(1) Il est bon, dans ce cas, de joindre à l'appui du certificat d'indigence un certificat du conservateur des hypothèques énonçant les inscriptions prises sur l'immeuble imposé, et attestant que cet immeuble est grevé audelà de sa valeur.

produits. Lorsque cette identité n'existe pas, soit parce qu'il aurait été reçu des à-comptes sur la créance constatée, soit parce que l'extrait sur le certificat d'insolvabilité comprendrait des dommages-intérêts adjugés à des communes ou établissemens publics, soit pour toute autre cause, les receveurs doivent indiquer par une note, sur l'état des recettes à recouvrer, les motifs de la différence entre les deux pièces.

(Circ. Comp. du 29 août 1845, n° 64, § 4.)

L'Instruction générale du 16 janvier 1836, n° 1503, a fait connaître dans quels cas les receveurs sont tenus de requérir des inscriptions hypothécaires contre les débiteurs d'amendes et de frais de justice en matières criminelle, correctionnelle et de simple police. Pour qu'il soit justifié de l'accomplissement de l'obligation que leur impose cette instruction, le ministre a décidé qu'à partir de l'exercice 1841, les receveurs de l'enregistrement et des domaines, en formant, à la clôture de chaque exercice, les états prescrits par l'Instruction générale n° 1358, des droits et produits constatés non recouvrés, indiqueront dans la colonne énonciative des motifs qui se sont opposés au recouvrement, la date, le numéro et le volume des inscriptions qu'ils auront prises pour la conservation du privilége du trésor en matière de frais de justice, ou de l'hypothèque judiciaire pour les amendes. Ils y feront aussi connaître, pour tous les articles s'élevant au-dessus de 30 fr., et à l'égard desquels ils n'auront pas requis d'inscription hypothécaires, les motifs qui les auront déterminés à ne pas faire usage de cette mesure conservatoire.

Ainsi, dans le cas d'indigence des débiteurs, on énonce dans la colonne à ce destinée, la date du certificat d'indigence et celle de l'inscription hypothécaire.

Deuxièmemeent : La remise ou modérations accordées à des débiteurs.

Dans les états que l'on dressse au 30 septembre, il peut arriver qu'il se trouve des articles dont les débiteurs ont obtenu la remise ou la modération par des ordonnances royales ou par des décisions ministérielles. Pour justifier le défaut de recouvrement et l'admission en non-valeur du montant de la remise accordée, les receveurs produisait une simple copie de la lettre par laquelle le Directeur leur donnait avis de cette remise.

D'après les observations de la Cour des Comptes sur l'insuffisance de cette justification, il a été décidé que les comptables rapporteront désormais à l'appui de l'annulation des articles de cette nature, savoir :

Si la remise a été accordée par une ordonnance

royale, une copie ou un extrait de cette ordonnance, certifié par le Directeur ; si elle l'a été par
une décision ministérielle , une copie, aussi certifiée par le Directeur , de la lettre qui lui a été écrite
par l'administration , pour lui notifier cette décision ;

Et en outre, dans les deux cas, la copie textuelle
de l'article du sommier présentant le montant total
de la créance du trésor, la somme payée par le
débiteur , et celle dont il lui a été fait remise.

(*Circ. Comp. du* 29 *août* 1845, *n*º 64 , § 3.)

Troisièmement : Le renvoi d'articles à d'autres
bureaux.

Il peut encore arriver qu'on ait besoin de faire
admettre en non-valeur des articles d'amende et de
frais de justice, pour cause de renvoi à un autre
bureau chargé du recouvrement ; dans ce cas , il
faut joindre au certificat du maire du domicile indiqué dans l'extrait de jugement, le bulletin de
renvoi contenant le certificat de consignation sur
le sommier de ce bureau , dûment signé du receveur.

(*Circ. Comp. du* 22 *août* 1846, *n*º 68 , § 3.)

Dans tous les cas, il est important que les pièces
produites par les receveurs, pour justifier le défaut
de recouvrement des articles portés sur les différens états, soient complètes, en bonne forme, et

classées dans l'ordre suivant lequel les articles se trouvent portés sur ces états, et qu'elles indiquent, à la marge, le numéro de l'article qu'elles concernent.

Ces états sont renvoyés par les Directeurs aux receveurs, dans la première quinzaine de décembre, afin que ces derniers les joignent à leurs comptes d'année, après avoir reporté à l'exercice courant et au sommier des surséances les articles désignés par les Directeurs, suivant ce qu'ils ont prescrit pour chacun d'eux (1).

Les pièces adressées à la Direction sont également renvoyées au bureau. Celles qui se rattachent aux articles admis en non-valeur comme irrécouvrables sont destinées à accompagner les états en question. Quant aux autres pièces qui concernent les articles reportés à l'exercice courant, elles doivent être conservées par les receveurs à qui elles sont indispensables pour la suite de leur recouvrement.

_____

(1) On a indiqué au n° 6 ci-devant, comment on doit remplir à la fin de l'année les dernières colonnes des états des articles à recouvrer au 30 septembre précédent, et l'époque à laquelle ils doivent être adressés avec les pièces à l'appui à la direction.

Nº 13.

ÉTAT

De Comparaison des Produits.

Des imprimés sont fournis par l'Administration.

Cet État doit être adressé à la Direction avant la fin du mois de février (*Circulaire de M. le Directeur général, du 26 décembre 1843.*)

(*Instruction générale du 10 novembre 1837, nº 1546. — Circulaire du 26 décembre 1838.*)

Cet état était dressé autrefois dans les quinze premiers jours du mois de janvier, sous les yeux des employés supérieurs chargés d'arrêter les comptes d'année, mais plusieurs Directeurs ayant exprimé le désir que ce délai fût prorogé, les receveurs pourront n'adresser cet état qu'à la fin du mois de février.

Les quatre premières colonnes sont destinées à recevoir le nombre des actes, mutations et articles de recette, et les quatres dernières doivent présenter les produits, y compris le décime par franc. Les résultats portés au tableau comparatif doivent être conformes à ceux du compte d'année.

Il convient de remarquer que le nombre des

actes et mutations à indiquer dans les colonnes établies à cet effet, est celui des dispositions donnant ouverture à des droits d'enregistrement particuliers.

Ainsi, lorsqu'un acte contient plusieurs dispositions, chacune d'elles doit être portée dans l'état comparatif sous la désignation qui lui est propre : de même une succession ouverte en plusieurs lignes doit figurer dans l'état sous la dénomination de chaque ligne. Pour le classement des différentes espèces de droits, on suit les indications données par le livre de dépouillement.

Cet état doit embrasser les recettes faites, durant la présente année, sur les deux exercices.

Quant au timbre débité, on compte 12 articles de recette pour celui de dimension, et 12 autres pour celui proportionnel.

Aux termes des instruction et circulaire citées plus haut, les receveurs doivent joindre à l'état de comparaison des produits un rapport très circonstancié sur les causes générales et particulières d'augmentation ou de diminution de ces produits. Cet important travail devant servir de base, en quelque sorte, au rapport du ministre des finances à communiquer aux chambres, il importe que tous les rensēignemens soient donnés et appréciés, avec une sévère attention.

Nous allons essayer de donner, dans le chapitre suivant, la méthode à suivre pour que ce rapport soit fait conformément aux intentions de l'administration.

N° 14.

RAPPORT

Sur les Causes d'Augmentation ou de Diminution des Produits.

Ce Rapport doit être adressé à la Direction en même temps que l'état comparatif des produits, avant la fin du mois de février. (*Circulaire de M. le Directeur général, du 26 décembre 1843.*)

(*Instruction générale du 10 novembre 1837, n° 1546. — Circulaires du 26 décembre 1838, du 8 novembre 1839, du 26 décembre 1842.*)

Le délai accordé aux receveurs pour rédiger le rapport sur les causes d'augmention ou de diminution des produits de leurs bureaux, fait voir l'importance que l'administration attache à la confection approfondie et raisonnée d'un travail destiné à être inséré en partie dans le rapport fait au Roi par M. le ministre des finances (1).

(1) Nous tenons d'un des employés les plus distingués de l'administration centrale, qui a bien voulu nous donner quelques renseignemens à cet égard, que les rapports des receveurs sur les causes d'augmentation ou de diminution des produits de leurs bureaux sont l'objet d'un examen attentif et sérieux, lorsqu'ils sollicitent la carrière de l'emploi supérieur. L'administration puise dans ces rapports les élémens nécessaires pour apprécier l'analyse, la force du raisonnement et le style (car le style est l'homme) du receveur qui demande à passer vérificateur. Nous faisons part de cette communication à nos confrères qui se trouvent dans ce cas, afin de leur donner connaissance d'un fait qui les intéresse à un très-haut degré.

Le rapport du receveur doit être divisé en deux parties : 1° causes générales ; 2° causes particulières d'augmentation ou de diminution.

En ce qui concerne la première partie, il existe presque toujours un fait général et dominant dont l'influence s'est fait plus ou moins sentir : c'est l'état de prospérité ou de gêne de l'agriculture, l'état stationnaire, rétrograde ou progressif de l'industrie, l'abondance ou la pénurie des capitaux, une crise commerciale, l'élévation du prix des propriétés foncières, l'ouverture des grandes voies de communication, routes nouvelles, canaux, chemins de fer, l'encombrement des fabriques, l'accumulation des objets manufacturés, l'intempérie des saisons, les mauvaises récoltes, le bas prix des denrées, qui réagit nécessairement sur la valeur de la propriété, la stagnation du commerce des vins, des céréales, des bestiaux ; les moyens employés par les contribuables et les officiers publics pour frauder ou éviter certaines perceptions sont encore une des causes générales qui peuvent amener une diminution sur les produits.

Il est nécessaire d'indiquer non-seulement les faits généraux, mais encore de suivre les traces de leur influence dans les produits des diverses espèces de droits. On sait, en effet, qu'une cause générale quelle qu'elle soit, n'agit point uniformément sur tous les produits de l'enregistrement; elle peut faire augmenter les recettes de tel droit, et en même temps diminuer celles de tel autre. Des causes différentes, opposées même, peuvent d'ailleurs accidentellement avoir, relativement à une même espèce de droits, des résultats semblables.

Quant aux causes particulières, elles doivent être l'objet d'une énonciation distincte pour toute espèce de droits et produits. La faible importance, l'insignifiance même de l'augmentation ou de la diminution du produit de telle ou telle perception n'est point un motif pour se dispenser d'en rechercher et expliquer les causes. Cette augmentation ou diminution est en effet le résultat d'une cause qu'il est toujours facile de découvrir, quand on connait positivement l'état économique de son canton. Au nombre des causes particulières d'augmentation, se placent la mortalité extraordinaire dans une localité, les mutations soit entre-vifs, soit par décès, de quelques grandes propriétés, l'introduction d'une nouvelle industrie dans un pays, des défrichemens, desséchemens et autres travaux qui livrent à l'agriculture des terres jusque-là improductives, etc.

Parmi les causes particulières de diminution, on peut ranger les accidens qui affectent seulement quelques localités, la grêle, les inondations, les incendies, le dépérissement d'une industrie, l'interruption des travaux de quelques fabriques, etc.

Dans la seconde partie du rapport, consacré aux *causes particulières*, il convient de prendre successivement, *dans l'ordre du tableau comparatif*, les diverses espèces de droits et de produits, et d'indiquer, *pour chacune*, les causes soit d'augmentation, soit de diminution.

On doit, à la fin de la 2ᵉ partie, constater le rapport du nombre des déclarations avec celui des décès, et l'élévation graduelle du chiffre des successions déclarées. Pour l'établir, il faut prendre le nombre brut des décès, sans déduction pour les enfans en bas âge et pour les malades des hôpitaux civils et militaires, et dans le nombre des déclarations, toute succession ne doit être portée que pour un seul article, lors même qu'elle a donné lieu à la perception de plusieurs droits différens de mutation (1).

Maintenant que les principaux élémens pour faire le rapport ont été posés, on va entrer dans des détails plus circonstanciés, afin de tâcher d'arriver au but que se proposent les dispositions de la

(1) On compte les décès en prenant ceux connus, c'est-à-dire en dépouillant les notices et en remontant : 1° pour l'année terminée, du 1ᵉʳ octobre précédent au 30 septembre de l'année suivante ; 2° pour l'année courante, du 1ᵉʳ octobre de l'année terminée au 30 septembre de l'année courante.

circulaire de M. le Directeur général du 26 décembre 1842.

Dans la première partie du rapport, et avant d'entrer en matière sur les causes générales d'augmentation ou de diminution, on doit donner, sous une même série de numéros, les indications suivantes :

1.° Chiffre de la population agricole ;

2° Chiffre de la population industrielle ;

3° Rapport du nombre des indigens avec la population totale ;

4° Nature et importances des productions agricoles ;

5° Consommation locale relativement à la somme de ces produits ;

6° Débouchés ouverts à l'excédent ;

7° Situation de la propriété foncière ;

8° Progrès de la division du sol ;

9° Charges de toute espèce grévant la propriété ;

10° Taux commun de la rente ou du fermage, proportionnellement à la valeur en capital ;

11° Industries exploitées ;

12° Principaux établissemens ;

13° Leur situation sous le rapport du plus ou du moins de prospérité ;

14° Capitaux qu'ils emploient ;

15° Nombre d'ouvriers ;

16° Moyens de crédits mis à leur portée ;

17° Voies par où s'écoulent les produits ;

18° Causes qui accélèrent ou suspendent le développement des industries ;

19° Etendue et nature du commerce ;

20° Secours qu'il offre à l'agriculture et à l'industrie, pour l'échange de leurs productions ;

21° Elévation ou diminution de la valeur vénale des coupes de bois, par comparaison avec celles de l'année précédente ;

22° Effets des partages anticipés, quant à la division des propriétés ;

23° Importance, plus ou moins grande, des soultes ;

24° Causes qui retardent le progrès du nombre des donations en ligne collatérale et entre étrangers (1) ;

25° Résultats de la loi du 25 juin 1838 sur les

(1) Le produit des droits sur les donations en ligne collatérale a faiblement augmenté depuis dix ans ; ce fait tient-il à l'élévation du tarif, aux moyens mis en œuvre pour en éviter l'application, ou à l'insuffisance des évaluations ? La progression du nombre de ces donations se maintient-elle proportionnellement dans les mêmes limites que celle des produits ?

Il convient d'indiquer, en ce qui concerne le produit des droits sur les donations entre personnes non parentes, le nombre et l'importance des dispositions entre-vifs en faveur des communes et des établissemens publics. Le même renseignement doit être donné pour les mutations par décès. A la fin du rapport, il serait bon de dresser un état relatif à cet objet ; nous en parlerons plus au long à la fin de notre article, en donnant le modèle de cet état.

justices de paix , relativement au produit et au nombre des procès ;

26° Résultats de celle du 2 juin 1841, quant au nombre des adjudications en justice et à l'accroissement des droits de greffe ;

27° Effets des lois des 24 mai 1824 et 28 juillet 1837 sur le timbre proportionnel, et du 23 juin 1842 sur les lettres de voiture (1).

28° Moyens à employer pour réprimer les contraventions de toute nature, et pour propager la débite (2).

Ces divers renseignemens doivent être, pour plus de clarté et pour éviter toute confusion, présentés dans l'ordre et sous les numéros qui viennent

(1) La loi du 24 mai 1834 a eu généralement pour double conséquence d'accroître le produit des droits de timbre proportionnel et de diminuer celui des contraventions.

Les variations du produit du timbre extraordinaire de dimension proviennent en grande partie de la différence des époques auxquelles les formules de patentes sont présentées au timbre ; les produits d'une année comprenant parfois les patentes de deux années, il peut en résulter que l'année suivante cette recette manque entièrement. L'augmentation ou la diminution , dérivant de l'un ou de l'autre fait, doivent être exactement indiquées.

(2) La distribution par les percepteurs des contributions directes et par les débitans de tabacs, et les facilités accordées pour faire timbrer à l'extraordinaire, à Paris, les papiers d'effets de commerce et les formules de lettres de voiture et de connaissemens, ont eu une influence salutaire sur les produits de l'espèce.

d'être indiqués, sauf à ajouter à la suite tous les autres documens que l'on jugera utiles.

Ces renseignemens donnés, on entre ensuite en matière sur les causes générales et sur les causes particulières d'augmentation ou de diminution.

Ces causes ont été indiquées au commencement de cet article, mais nous allons entrer ici dans quelques développemens puisés, du reste, dans la circulaire de M. le Directeur général, du 26 décembre 1842.

Transmissions entre-vifs de meubles à titre onéreux. — Les circonstances qui font ordinairement augmenter le produit de ces droits sont : le prix plus ou moins élevé des coupes de bois de l'état, de la Couronne, des communes et des établissemens publics ; l'usage qui tend à s'accroître des ventes aux enchères de récoltes sur pied ; le nombre et le prix des cessions de charges d'officiers publics.

Le prix des bois dépend de l'état de prospérité ou de souffrance des usines métallurgiques, de la rareté ou de l'abondance des combustibles, du progrès des défrichemens de forêts ; les causes de ces faits divers doivent être indiquées. Il importe de suivre et de constater l'élévation progressive du prix des offices.

Transmission entre-vifs d'immeubles à titre onéreux. — C'est, de tous les produits d'enregistrement,

celui dont les variations doivent être le plus attentivement étudiées, d'abord parce qu'il en est le plus
important, ensuite parce qu'il reçoit jusqu'à l'instant le contre-coup de toutes les circonstances qui
affermissent ou altèrent la confiance publique, favorisent l'expansion ou déterminent le resserrement
des capitaux.

L'augmentation continue du produit des droits
sur les ventes d'immeubles implique l'élévation de
la valeur foncière; les progrès de la division du sol,
l'accroissement des capitaux disponibles, des bénéfices et des économies du travail, l'activité des
transactions. Toutefois, l'augmentation peut être
le résultat de crises politiques ou commerciales qui
font refluer vers la propriété immobilière les capitaux retirés de l'industrie et des fonds publics, ou
même d'un état prolongé de gêne et de malaise qui
multiplie les aliénations forcées; mais ces circonstances n'ont jamais qu'une influence partielle et
temporaire : à l'augmentation irrégulière qu'elles
opèrent, succède rapidement un décroissement des
produits plus en harmonie avec la situation réelle.

D'autres causes moins générales contribuent à
l'augmentation ou à la diminution du produit des
droits de vente d'immeubles : tels sont notamment
les vicissitudes des récoltes, l'état des voies de
communication, dont l'amélioration facilite la

culture des terres et le transport des produits; le morcellement des corps de domaines par les ventes en détail, la stagnation des affaires, suite ordinairement immédiate de ces démembremens, les dessèchemens et les défrîchemens, les ravages causés par la grêle, les inondations, l'exécution de grands travaux d'utilité publique qui accroissent sur les lieux le numéraire en circulation, élèvent le taux des salaires et déterminent des acquisitions d'immeubles, en remplacement de ceux dont les propriétaires ont été dépossédés.

La répression des insuffisances de prix exprimés dans les contrats de ventes d'immeubles ne sont pas sans influence sur les produits. Il paraît certain, d'après le témoignage à-peu-près unanime des Directeurs, que la surveillance active des préposés sur les contraventions de cette nature, a notablement contribué à l'accroissement du produit des droits de mutation, en déterminant les contribuables à plus d'exactitude dans les déclarations estimatives et dans les stipulations de prix de ventes d'immeubles. (*Circulaire de M. le Directeur général, du 2 novembre* 1843.) Il est facile de vérifier ce résultat, en comparant les prix énoncés dans des ventes faites à différentes époques. Le même travail peut être fait relativement aux évaluations en revenu, dans les actes de donation entre-vifs et dans les déclarations de succession.

Il importe de bien compter le nombre des transmissions d'immeubles à titre onéreux ; ce nombre, rapproché du produit , peut indiquer les progrès de la division de la propriété.

Transmissions entre-vifs, à titre gratuit. — La principale cause de l'augmentation du produit de ces droits est l'usage devenu plus général depuis la loi du 16 juin 1824, des donations faites par les ascendans, en vertu des articles 1075 et 1076 du Code civil ; mais cette cause a réagi sur les donations faites sans partage en ligne directe et hors contrat de mariage, dont le nombre et l'importance paraissent diminuer. Il convient d'observer ce double mouvement dans le produit des droits d'enregistrement des donations en ligne directe.

Il serait bon de constater si les partages d'ascendans ont pour résultat d'accélérer la division de la propriété, ou si au contraire ils n'ont point pour but d'en arrêter les progrès, en concentrant sur la tête d'un ou de plusieurs des enfans, au moyen de soultes, les biens de la famille.

Mutations par décès. — L'accroissement de la population, du revenu des terres, les progrès de l'industrie et de la division du sol, l'amélioration du sort de la classe ouvrière, et par suite la diminution du nombre des prolétaires, sont les causes les plus générales de l'augmentation du produit des droits de succession ; mais l'action de ces causes peut être troublée d'une année à l'autre par une mortalité plus grande ou l'ouverture de riches successions. En s'appliquant à discerner l'influence de ces causes diverses, les préposés éviteront de confondre l'augmentation des produits due à des circonstances particulières avec celle qui résulte du développement continu et régulier des élémens de la prospérité du pays.

Les partages d'ascendans faits par actes entre-vifs atténuent les progrès du produit des droits de mutation par décès en ligne directe. Cette cause doit agir avec plus de force encore dans l'avenir. Il ne serait pas inutile de relever les successions qui sont chaque année enlevées au produit des droits de mutation par décès, par suite de partages anticipés (1).

Les renonciations faites devant notaire par les conjoints survivans, en vertu de l'Instruction n° 386, § 27, peuvent aussi causer un grand préjudice aux produits des droits de succession entre époux. Pour apprécier l'étendue de cet abus, il n'est pas inutile de faire connaître le nombre et

(1) A la fin de cet article, nous donnerons le modèle de l'état qu'il convient de faire relativement aux successions déclarées dont les auteurs s'étaient dessaisis pendant leur vie, au moyen de partages anticipés.

l'importance des legs et donations ,. à cause de mort , qui échappent ainsi au droit de mutation (1).

Baux. — L'augmentation lentement progressive du produit des droits d'enregistrement de ces actes est attribuée à l'accroissement du revenu des terres, aux dessèchemens et défrîchemens, à la substitution, dans certains départemens, des baux en argent aux baux à mi-fruits, à l'usage plus répandu des baux à long terme, aux dispositions des propriétaires plus favorables aux baux notariés. Nous pensons qu'en général, lorsqu'il y a augmentation sur les mutations entre-vifs d'immeubles à titre onéreux, cette même augmentation agit en même temps sur les baux ; quant il y a diminution sur les premières, elle frappe immédiatement après sur les derniers ; aussi les causes d'augmentation ou de diminution des produits sur les baux sont-elles les mêmes que sur les mutations dont nous parlons.

Obligations. — Ce produit se compose d'abord des droits perçus sur billets simples , billets à ordre et lettres de change sous seing-privé. Ces actes n'étant soumis à l'enregistrement qu'en cas de poursuites contre les débiteurs , l'augmentation

(1) A la fin de cet article, nous donnons un modèle de l'état qu'il convient de joindre au rapport, relativement à cet objet.

peut, en ce qui les concerne. être la conséquence d'une crise commerciale, d'un état de gêne agricole ou industrielle. Quant aux prêts hypothécaires, ils peuvent être déterminés par la demande de capitaux pour une industrie naissante ou en voie de progrès, par l'application de nouveaux capitaux au développement de la population agricole, par l'abondance du numéraire et le taux modéré de l'intérêt; mais aussi est-il possible que ces emprunts prennent source dans la détresse des cultivateurs, à la suite de mauvaises récoltes, dans l'encombrement et le défaut de débouchés des produits de la terre et de l'industrie, et même dans l'altération du crédit commercial, forcé d'appeler à son secours le gage hypothécaire. Il importe de distinguer l'influence de ces causes diverses et même opposées, relativement à l'augmentation du produit des droits sur les obligations.

L'usage des actes d'ouverture de crédit peut, dans quelques localités, nuire à ce produit ; il est utile de faire connaître par année le nombre et le montant des crédits (1).

Condamnations, collocations, liquidations (droit proportionnel), actes judiciaires et extrà-judiciaires (droits fixes), droits de greffe. — L'activité des

____

(1) A la fin de cet article, nous donnerons un modèle de l'état des ouvertures de crédit à joindre au rapport du receveur.

transactions et des affaires contribue nécessairement à l'augmentation modérée et progressive de ces produits ; mais un accroissement subit et considérable indique une grave perturbation dans les relations commerciales et dans la production industrielle ; des faillites, des déconfitures, des expropriations, les nombreuses contestations et les procédures qui en sont les conséquences inévitables.

En ce qui concerne spécialement les droits de greffe, il importe d'observer l'influence que peut avoir sur ce produit la loi du 2 juin 1841, relative aux ventes judiciaires. Il est bon de signaler si les adjudications d'immeubles en justice sont devenues plus fréquentes depuis cette loi.

Timbre. — L'impôt du timbre est l'accessoire et comme le complément de celui de l'enregistrement ; les produits de l'un et de l'autre obéissent en général aux mêmes causes et suivent une même progression. Toutefois, sous certains rapports, le produit du timbre proportionnel est indépendant de celui de l'enregistrement. Quant au timbre de dimension, si l'augmentation des recettes de l'enregistrement porte principalement sur les droits de mutations par décès, elle n'influe point sur le produit des papiers timbrés ; et l'augmentation du timbre est proportionnellement plus considérable que celle de l'enregistrement, lorsque cette dernière frappe sur les actes sujets à des droits fixes plus que sur ceux qui sont passibles de droits proportionnels.

Hypothèques. — Ce paragraphe concerne spécialement MM. les conservateurs des hypothèques.

Les progrès du régime hypothécaire, qui sont loin d'être uniformes dans tous les départemens, sont une des causes les plus actives de l'augmentation de ce produit. Pour apprécier ces progrès, il est utile de faire connaître, au moins approximativement, le rapport du nombre des obligations hypothécaires et des actes translatifs d'immeubles avec celui des inscriptions et transcriptions requises dans les bureaux des hypothèques.

Une circonstance particulière semble, depuis quelques années, concourir à l'augmentation du produit des droits perçus par les conservateurs des hypothèques : c'est la transcription d'actes de licitation entre co-propriétaires ou co-héritiers, de partages d'ascendans faits en vertu des articles 1075 et 1076 du Code civil, d'actes constitutifs de sociétés constatant des apports en immeubles, et sur lesquels le droit proportionnel n'a point été, conformément à la loi, payé lors de l'enregistrement. Il est utile d'indiquer le nombre des transcriptions, spécialement pour les partages d'ascendans et le montant des droits qui les ont produits (1).

(1) Nous donnons à la fin de cet article un modèle d'état qui doit con-

Amendes de condamnation. Frais de justice. —
Ces produits dépendent du nombre et de l'importance des condamnations; les préposés contribuent
à les accroître par l'activité des recouvremens.
Mais, pour juger de la force de ces recouvremens,
il est indispensable de connaître le nombre et le
montant des condamnations portées au sommier
des droits constatés n° 3 (1).

Ces aperçus puisés, comme nous l'avons dit en
commençant, dans la circulaire de M. le Directeur
général, du 26 décembre 1842, ne doivent gêner
en aucune manière la liberté d'examen et d'appréciation de l'employé qui fait son rapport; il lui est
laissé à cet égard toute latitude, en se conformant
toutefois aux prescriptions qui doivent faire la base
de son travail.

Nous ne pouvons mieux terminer cet article qu'en
citant un paragraphe de cette circulaire, qui résume
parfaitement les considérations approfondies qu'elle
fait valoir d'une manière si claire.

« Il n'est pas d'événement, de circonstance po-
» litique, financière, agricole, industrielle, etc.,
» dont l'effet ne se fasse presque incontinent sentir

tenir toutes les indications demandées par la circulaire dont nous donnons
un extrait.

(1) Pour faire connaître ce nombre et ce montant, il est nécessaire de
faire un état; nous donnons à la fin de cet article un modèle que l'on peut
suivre.

» sur ces produits. Ce fait général tient, d'une
» part, à la grande diversité des recettes ; de l'autre,
» à la nature des impôts de l'enregistrement et du
» timbre, qui embrassent toutes les transactions
» de la vie civile et touchent à tous les élémens de
» la fortune publique. »

Ainsi que nous l'avons dit dans le cours de ce chapitre, aussitôt la rédaction terminée du rapport sur les causes d'augmentation ou de diminution des produits de son bureau, le receveur dresse, sur feuilles séparées qu'il joint à son rapport, les trois états dont les titres suivent :

1ᵉʳ ÉTAT.

NATURE DES RENSEIGNEMENS.	NOMBRE.	SOMMES.	OBSERVATIONS.
DONATIONS en faveur des communes et établissemens publics			*Il ne s'agit pas du montant des droits, mais bien de l'importance des donations et legs.*
LEGS en faveur des communes et établissemens publics .			*Idem.*
SUCCESSIONS déclarées, dont les auteurs s'étaient dessaisis pendant leur vie, au moyen de partages anticipés.			*Indiquer succinctement l'importance des valeurs mobilières et immobilières qui, ayant été données, ont été enlevées ainsi aux droits de mutation.*
RENONCIATIONS devant notaire, par les conjoints survivans, en vertu de l'Instruction 386, § 27 . . . . **ACTES** d'ouverture de crédit.			*Énoncer l'importance des legs et donations qui, par suite de cette renonciation, ont été soustraits aux droits de mutation.*

2ᵉ ÉTAT.

TABLEAU *du Mouvement du Sommier des Droits constatés* nᵒ 3.

	NOMBRE.	SOMMES.
Articles qui restaient au premier janvier		
Articles consignés pendant l'année		
TOTAL. . .		
Articles annulés.		
RESTE. . .		
Articles payés		
Reste à recouvrer le 31 décembre		
Articles qui seuls paraissent susceptibles de recouvrement. .		

NOTA. — Ces chiffres devront être conformes à ceux constatés par l'arrêté du Directeur, état O.

NOTA. — Cette somme devra concorder avec celle portée au compte d'année. — Amendes attribuées aux communes, aux hospices. — Autres amendes de condamnation. — Frais de justice. — Frais de poursuite et d'instance concernant l'administration.

8ᵉ ÉTAT.

NOTE *Comparative des Décès et des Déclarations.*

	ANNÉE 184	ANNÉE 184	DIFFÉRENCE en plus ou en moins.
Articles restant à apurer le 1ᵉʳ janvier dernier. . . .			
Nombre des décès pendant l'année			
TOTAL. . . .			
Nombre de déclarations.			
RESTE. . . .			

Savoir :

Décès arrivés dans les six derniers mois et non déclarés . . .

Articles consignés sur les sommiers. . . { Annulés . . . / Restant à apurer. } TOTAL ÉGAL.

Les Conservateurs auront de leur côté à remettre un tableau séparé du rapport, et ainsi conçu :

NATURE DES RENSEIGNEMENS.	NOMBRE.	SOMMES.	OBSERVATIONS.
Licitations transcrites. . . .			
Partages d'ascendans transcrits.			
Actes constitutifs de société, constatant des apports d'immeubles transcrits. . . .			
Transcriptions de saisies. . .			

N° 15.

ÉTATS

Par Communes ou Établissemens, des Restitutions et Dommages-Intérêts perçus pour leur compte.

Ces États doivent être dressés dans les quinze premiers jours du mois de janvier, et remis à l'Employé supérieur.

Voir le modèle de ces États, 5ᵉ partie, nᵃ 30.

(*Circulaire Comptabilité, du 14 décembre* 1829, *n°* 16, § 3.)

Aux termes de la circulaire du **15** décembre **1827**, n° **12**, les restitutions et dommages-intérêts adjugés aux communes et établissemens publics, pour délits dans leurs bois, qui sont perçus pour leur compte en exécution des articles **107** et **210** du Code forestier, doivent leur être remboursés *immédiatement* sur la quittance du receveur de la commune ou de l'établissement propriétaire.

Ce mode de remboursement successif et partiel avait été prescrit dans la vue de ne faire éprouver aux communes et établissemens publics aucun retard dans les rentrées des sommes qui leur appartiennent ; mais il a été remarqué qu'il avait pour effet de compliquer la comptabilité des receveurs, en multipliant les écritures et le nombre de pièces ;

et que, d'un autre côté, il en résultait l'inconvénient que les receveurs des communes ou établissemens publics, vu la modicité des sommes à recevoir, ne se présentaient pas exactement pour en toucher le montant.

Sur la proposition qui lui en a été faite, M. le ministre a consenti à ce que le remboursement aux ayant-droit des sommes reçues pour les restitutions et dom.-intérêts dont il s'agit, n'eût lieu désormais que par année.

En conséquence, les receveurs forment annuellement, dans les premiers jours du mois de janvier, au vu de leurs registres de recettes des forêts et des opérations de trésorerie, un état conforme au modèle indiqué plus haut, par commune ou établissement, des sommes qu'ils ont recouvrées sur les produits de l'espèce dans le cours de la présente année, *sur les deux exercices.*

Après la formation de ces états, on les renferme dans une chemise contenant au recto la récapitulation de chacun d'eux, par article et par commune ou établissement, de manière à présenter au premier coup-d'œil un total égal à celui de la recette générale, qui existe au registre de recettes des opérations de trésorerie et au compte d'année, sous le titre : *Restitutions et Dom.-Intérêts aux communes.*

Ces états sont vérifiés par l'employé supérieur

chargé de la tournée de comptabilité, visés par le Directeur, et arrêtés par le préfet qui les remet ensuite au Directeur, pour être transmis au receveur chargé du remboursement.

N° 16.

ÉTATS DIVERS

Par Communes, du Recouvrement des Amendes de Police rurale et municipale.

———

Ces États doivent être dressés dans les quinze premiers jours du mois de janvier, et remis à l'Employé supérieur.

Voir le modèle de ces États, 5ᵉ partie, n° 31.

(Instruction générale 1122, 1188, et surtout 1198, § 1ᵉʳ.)

———

Une ordonnance du Roi, du 30 décembre 1823, insérée au Bulletin des lois, n° 654, contient les dispositions suivantes :

« Art. 1ᵉʳ. — Conformément à l'art. 19 de la loi
» du 19 décembre 1790, les receveurs de l'enre-
» gistrement continueront de faire la recette des
» amendes prononcées tant par voie de police rurale
» et municipale, que par voie de police correction-
» nelle, à la charge par eux d'en tenir une comp-
» tabilité distincte et séparée, d'en rendre compte
» annuellement aux préfets, et de leur transmettre,
» au mois de janvier de chaque année : 1° un état
» sommaire et par commune des sommes dont ils
» auront opéré le recouvrement dans le cours de

» l'année précédente , sur les amendes prononcées
» par voie de simple police ; 2° un état dressé dans
» la même forme, et présentant les recouvremens
» opérés sur les amendes de police correctionnelle.

» ART. 4. — Les amendes de police rurale et
» municipale qui seront recouvrées pendant l'année
» appartiendront exclusivement aux communes
» dans lesquelles les contraventions auront été
» commises ; le tout ainsi qu'il est prescrit par
» l'art. 466 du Code pénal.

» Le produit en sera versé dans leurs caisses,
» distraction faite préalablement des remises et
» taxations des receveurs sur les mandats qui en
» seront délivrés, au nom des receveurs muni-
» cipaux, par les préfets, immédiatement après la
» remise et la vérification des états de recouvre-
» ment. »

Dans les premiers jours du mois de janvier de
chaque année, les receveurs relèvent sur leur registre de recettes des amendes, et portent sur un
état distinct, par commune, chacune des sommes
qu'ils ont reçues pendant le cours de l'année précédente, *sur les deux exercices,* pour amendes de
police rurale et municipale prononcées à raison de
contraventions commises dans cette même commune.

La formation de ces états par commune sera facile, en suivant exactement sur le registre de recettes des amendes, *l'énonciation* faite dans chaque enregistrement, du nom de la commune sur le territoire de laquelle la contravention a été commise, et *l'émargement* de cet enregistrement dans la colonne à gauche du nom de cette même commune.

C'est sur ces états qu'il faut faire figurer : 1° les amendes pour délits dans les bois des particuliers (*Circ. Comp.*, n° 48, § 1er) ; 2° et les amendes de la garde nationale.

A la fin de chaque état, on forme le montant brut des sommes recouvrées, non compris le décime, on déduit cinq pour cent pour frais de régie, et le reste net est attribué à chaque commune.

L'employé supérieur vérifie chaque état, et s'assure que toutes les amendes de police rurale et municipale portées sur le registre de recettes des amendes figurent sur les états d'attribution (1).

(1) Voir ci-après le n° 18, qui donne le mode à suivre pour récapituler tous les états d'amendes attribuées aux communes et hospices, l'état unique pour le fonds commun, et les états d'amendes pour délit de chasse.

N° 17.

ÉTAT UNIQUE

Du Recouvrement des Amendes de Police correctionnelle.

Cet État doit être dressé par le Receveur dans les quinze premiers jours de janvier, et remis à l'Employé supérieur.

Voir modèle de cet État, 5ᵉ partie, n° 32.

(*Instructions générales* 1122, 1188 *et* 1198.)

L'ordonnance du Roi, du 30 décembre 1823, contient les dispositions suivantes :

« ART. 5. — Les amendes de police correction-
» nelle qui seront recouvrées pendant l'année se-
» ront versées par les receveurs des domaines et
» sur les mandats des préfets délivrés au vu des
» états de recouvrement, au nom des receveurs des
» finances, à la caisse de ces derniers comptables,
» qui en feront recette distincte au profit des com-
» munes, comme des produits communaux centra-
» lisés à la recette générale de chaque département,
» pour être employés sous la direction des préfets.

» ART. 6. — Le produit des amendes versées à
» la caisse des receveurs des finances formera un
» fonds qui sera tenu à la disposition des préfets,
» et applicable : 1° au remboursement des frais

» de poursuites tombés en non-valeur, soit en ma-
» tière de police correctionnelle, soit en matière
» de simple police ; 2° au paiement des droits qui
» seront dus aux greffiers des tribunaux pour les
» relevés de jugemens qu'ils doivent fournir aux
» préfets ; 3° au service des enfans-trouvés et aban-
» donnés, jusqu'à concurrence du tiers du produit
» excédant lesdits frais ; 4° et pour les deux autres
» tiers, aux dépenses des communes qui éprou-
» veront le plus de besoins, d'après la répartition
» qui en sera faite par les préfets, et par eux sou-
» mise, dans le cours du premier semestre de
» chaque année, à l'approbation du ministre de
» l'intérieur. »

D'après les dispositions ci-dessus, les receveurs chargés du recouvrement des amendes doivent tenir une comptabilité distincte et séparée, tant des amendes de *police rurale et municipale* que de celles de *police correctionnelle*.

Dans le mois de janvier de chaque année, ils dressent un état des sommes recouvrées pendant l'année précédente *sur les deux exercices.* Cet état présente, ainsi qu'on le voit par le modèle que nous donnons, les noms des condamnés, leur domicile, la date du jugement, le montant des amendes prononcées, les sommes reçues, non compris le décime pour franc et la déduction sur le total de 5

p. 0/0 pour frais de régie ; il est certifié par le receveur, vu et vérifié par l'inspecteur ou le vérificateur, et adressé au Directeur. Celui-ci forme un état général récapitulatif des états particuliers, et transmet le tout au préfet, qui arrête pour liquidation l'état général.

Le Directeur délivre ensuite un mandat de paiement au nom du receveur général des finances, sur la caisse du receveur de l'enregistrement du chef-lieu du département (1).

Les amendes pour délits de presse, quoique prononcées par les cours d'assises, font partie du fonds commun mis à la disposition des préfets, attendu qu'il s'agit de condamnations en matière de police correctionnelle.

(1) Lorsque les receveurs de l'enregistrement des chefs-lieux de départemens n'auront pas en caisse une somme égale au produit des amendes de police correctionnelle, les Directeurs délivreront un ordre de subvention, qui sera réalisé par un échange de récépissé entre le receveur général des finances et le receveur de l'enregistrement du chef-lieu, et qui ne donnera lieu à aucun mouvement de fonds.

N° 18.

ÉTATS

Par Communes de la Recette des Amendes pour Délits de Chasse.

Ces États doivent être la copie exacte du Registre fourni par l'Administration.

Ils sont dressés dans les quinze premiers jours de janvier, et remis à l'Employé supérieur.

(*Instructions générales du 18 mai 1845, n° 1730, du 19 juillet 1845, n° 1734, du 25 juillet 1846, n° 1759. — Circulaires de la Comptabilité du 10 décembre 1844, n° 63, du 22 août 1846, n° 68, § 11.*)

La loi du 3 mai 1844, sur la police de la chasse, contient les dispositions suivantes :

« ART. 10. — Des ordonnances royales détermi-
» neront la gratification qui sera accordée aux gardes
» et gendarmes rédacteurs des procès-verbaux
» ayant pour objet de constater les délits.

» ART. 11. — Seront punis d'une amende de
seize à cent francs :

» 1° Ceux qui auront chassé sans permis de
» chasse;

» 2° Ceux qui auront chassé sur le terrain d'autrui
» sans le consentement du propriétaire.

» L'amende pourra être portée au double si le
» délit a été commis sur des terres non dépouillées
» de leurs fruits, ou s'il a été commis sur un terrain
» entouré d'une clôture continue faisant obstacle à
» toute communication avec les héritages voisins,
» mais non attenante à une habitation.

» Pourra ne pas être considéré comme délit de
» chasse le fait du passage des chiens courans sur
» l'héritage d'autrui, lorsque ces chiens seront à la
» suite d'un gibier lancé sur la propriété de leurs
» maîtres, sauf l'action civile, s'il y a lieu, en cas
» de dénonciation ;

» 3° Ceux qui auront contrevenu aux arrêtés des
» préfets concernant les oiseaux de passage, le
» gibier d'eau, la chasse en temps de neige, l'em-
» ploi des chiens lévriers, ou aux arrêtés concer-
» nant la destruction des oiseaux et celle des ani-
» maux nuisibles ou malfaisans;

» 4° Ceux qui auront pris ou détruit, sur le ter-
» rain d'autrui, des œufs ou couvées de faisans, de
» perdrix ou de cailles;

» 5° Les fermiers de la chasse, soit dans les bois
» soumis au régime forestier, soit sur les propriétés
» dont la chasse est louée au profit des communes
» et des établissemens publics, qui auront contre-
» venu aux clauses et conditions de leurs cahiers
» de charges relatives à la chasse.

» Art. 12. — Seront punis d'une amende de
» cinquante à deux cents francs, et pourront, en
» outre, l'être d'un emprisonnement de six jours à
» deux mois :

» 1° Ceux qui auront chassé en temps prohibé ;

» 2° Ceux qui auront chassé pendant la nuit ou
» à l'aide d'engins ou instrumens prohibés ;

» 3° Ceux qui seront détenteurs ou ceux qui
» seront trouvés munis ou porteurs, hors de leur
» domicile, de filets, engins ou autres instrumens
» prohibés ;

» 4° Ceux qui, en temps où la chasse est pro-
» hibée, auront mis en vente, vendu, acheté,
» transporté ou colporté du gibier ;

» 5° Ceux qui auront employé des drogues ou
» appâts qui sont de nature à enivrer le gibier ou à
» le détruire ;

» 6° Ceux qui auront chassé avec appeaux, ap-
» pelans ou chanterelles.

» Les peines déterminées par le présent article
» pourront être portées au double contre ceux qui
» auront chassé pendant la nuit sur le terrain d'au-
» trui et par l'un des moyens spécifiés au § 2, si
» les chasseurs étaient munis d'une arme appa-
» rente ou cachée.

» Les peines déterminées par l'article 11 et par
» le présent article seront toujours portées au ma-

14

» ximum lorsque les délits auront été commis par les
» gardes champêtres ou forestiers des communes,
» ainsi que par les gardes forestiers de l'État et des
» établissemens publics.

» ART. 13. — Celui qui aura chassé sur le terrain
» d'autrui sans son consentement, si ce terrain est
» attenant à une maison habitée ou servant à ha-
» bitation, et s'il est entouré d'une clôture conti-
» nue faisant obstacle à toute communication avec
» les héritages voisins, sera puni d'une amende de
» cinquante à trois cents francs, et pourra l'être
» d'un emprisonnement de six jours à trois mois.

» Si le délit a été commis pendant la nuit, le
» délinquant sera puni d'une amende de cent francs
» à mille francs, et pourra l'être d'un emprison-
» nement de trois mois à deux ans, sans préjudice,
» dans l'un et l'autre cas, s'il y a lieu, de plus
» fortes peines prononcées par le Code pénal.

» ART. 14. — Les peines déterminées par les
» trois articles qui précèdent pourront être portées
» au double, si le délinquant était en état de réci-
» dive, et s'il était déguisé ou masqué, s'il a pris
» un faux nom, s'il a usé de violence envers les per-
» sonnes, ou s'il a fait des menaces, sans préju-
» dice, s'il y a lieu, de plus fortes peines pronon-
» cées par la loi.

» Lorsqu'il y aura récidive dans les cas prévus

» en l'article 11 , la peine de l'emprisonnement de
» six jours à trois mois pourra être appliquée si le
» délinquant n'a pas satisfait aux condamnations
» précédentes.

» ART. 17. — En cas de conviction de plusieurs
» délits prévus par la présente loi, par le Code
» pénal ordinaire et par les lois spéciales , la peine
» la plus forte sera seule prononcée.

» Les peines encourues pour des faits postérieurs
» à la déclaration du procès-verbal de contravention
» pourront être cumulées , s'il y a lieu , sans pré-
» judice des peines de la récidive.

« ART. 19. — La gratification mentionnée en
» l'article 10 sera prélevée sur le produit des
» amendes.

» Le surplus desdites amendes sera attribué aux
» communes sur le territoire desquelles les infrac-
» tions auront été commises. »

Une ordonnance du Roi, du 5 mai 1845, rendue
pour l'exécution de ces dispositions , est conçue en
ces termes :

» LOUIS-PHILIPPE , Roi des Français ,

» A tous présens et à venir SALUT.

» Sur le rapport de notre ministre secrétaire
» d'Etat au département de l'intérieur ;

» Vu les articles 10 . 11 , 12 , 13 , 14 , 17 et 19

» de la loi du 3 mai 1844, sur la police de la chasse ;

» Notre conseil d'Etat entendu ,

» Nous avons ordonné et ordonnons ce qui suit :

» Art. 1er. — La gratification accordée aux gen-
» darmes, gardes forestiers (1), gardes champê-
» tres , gardes-pêche et gardes assermentés des
» particuliers, qui constateront des infractions à
» la loi du 3 mai 1844, sur la police de la chasse ,
» est fixée ainsi qu'il suit :

» Huit francs pour les délits prévus par l'article
» 11 ;

» Quinze francs pour les délits prévus par l'ar-
» ticle 12 et l'article 13, n° 1er ;

» Vingt-cinq francs pour les délits prévus par
» l'article 13, § 2.

» Art. 2. — La gratification est due pour chaque
» amende prononcée; elle sera acquittée par les
» receveurs de l'enregistrement, suivant le mode
» actuel et les règles de la comptabilité ordi-
» naire.

» Art. 3. — Il sera tenu un compte spécial, par
» commune, du recouvrement des amendes : ce

(1) Une décision de M. le ministre des finances, rendue le 20 juin 1845
sur la proposition de l'administration des forêts, porte que les bri-
gadiers et les gardes à cheval sont compris dans la dénomination générale
de gardes forestiers et de gardes-pêche; qu'il y a lieu, par conséquent ,
de leur appliquer les dispositions de l'ordonnance précitée, en ce qui
concerne la gratification.

» compte sera réglé chaque année. Après prélève-
» ment des gratifications et de cinq pour cent pour
» frais de régie, le produit restant des amendes
» recouvrées sera compté à la commune sur le ter-
» ritoire de laquelle l'infraction aura été commise.

» En cas d'insuffisance de l'amende pour le paie-
» ment de la gratification, il ne sera, pour cet
» excédant, exercé aucun recours contre la com-
» mune.

» Les frais de poursuite tombés en non-valeur
» seront remboursés conformément à l'article 6 de
» l'ordonnance du 30 décembre 1823.

» ART. 4. — Il ne pourra être alloué qu'une
» seule gratification, lors même que plusieurs agens
» auraient concouru à la rédaction du procès-verbal
» constatant le délit.

» ART. 5. — La présente ordonnance est appli-
» cable aux amendes qui auront été déjà prononcées
» en vertu de la loi du 3 mai 1834.

» ART. 6. — Nos ministres secrétaires d'État de
» l'intérieur et des finances sont chargés de l'exé-
» cution de la présente ordonnance. »

D'après l'article 2 de l'ordonnance royale du 17
juillet 1816, insérée dans l'instruction n° 732, il
était accordé une gratification de cinq francs à tout
gendarme, garde champêtre ou forestier, qui con-
statait des contraventions aux lois sur la chasse.

L'article 1ᵉʳ de l'ordonnance du 5 mai 1845 établit plusieurs quotités de gratifications, suivant la nature et l'importance des délits, savoir : gratification de *huit francs* pour les délits prévus par l'article 11 de la loi du 3 mai 1844 ; — de *quinze francs* pour les délits énumérés à l'article 12 et au § 1ᵉʳ de l'article 13, c'est-à-dire pour le délit de chasse sur le terrain d'autrui sans son consentement, si ce terrain est attenant à une maison habitée ou servant à l'habitation, et s'il est entouré d'une clôture continue faisant obstacle à toute communication avec les héritages voisins ; — enfin, de *vingt-cinq francs* pour les délits prévus par le § 2 de l'article 13, c'est-à-dire pour ceux qui ont été commis la nuit.

On remarquera que les gardes assermentés des particuliers ont droit à la gratification pour les délits qu'ils constatent.

Aux termes de l'article 22 de la loi du 3 mai 1844, les délits de chasse peuvent être constatés par les maires et adjoints et par les commissaires de police. Mais les procès-verbaux rapportés par ces fonctionnaires ne donnent pas lieu à la gratification dont l'allocation est limitée par l'article 10 aux gendarmes et gardes. D'après cette disposition restrictive de la loi, il n'a pas été possible non plus d'accorder la gratification aux employés des contributions indirectes et des octrois, spécialement chargés par l'article 23 de rechercher et de constater les délits prévus par le § 1er de l'article 4, et résultant de la mise en vente, de la vente, de l'achat, du transport et du colportage du gibier pendant le temps où la chasse n'est pas permise.

La gratification est due pour chaque amende prononcée. Cette disposition de l'article 2 de l'ordonnance du 5 mai 1845 est conforme au décret du 8 mai 1811, transcrit dans l'instruction n° 523, et portant que la gratification est acquise par le fait de la condamnationdu délinquant. Il ne peut, au surplus, d'après l'article 4 de l'ordonnance, être alloué qu'une seule gratification pour chaque amende, quel que soit le nombre des agens qui ont concouru à la rédaction du procès-verbal constatant le délit.

Suivant l'Instruction n° 1520 et la Circulaire de la Comptabilité générale des Finances du 3 octobre 1836, les gratifications étaient payées par le receveur chargé de la recette des amendes au chef-lieu de l'arrondissement. Elles seront désormais acquittées par le receveur de l'enregistrement du canton dont fait partie la commune sur le territoire de laquelle le délit aura été commis. En ce qui concerne les gendarmes, le paiement des gratifications sera ordonnancé au nom des conseils d'administration des compagnies de gendarmerie, au moyen de mémoires dressés dans la forme prescrite par la circulaire précitée de la Comptabilité générale des Finances, et appuyés d'extraits certifiés, sur papier non timbré, par le procureur du roi ou le greffier du tribunal, des jugemens de condamnation. Quant aux gardes, la gratification sera payée à chacun d'eux individuellement sur un mandat auquel sera annexé un semblable extrait du jugement.

Conformément à l'article 19 de la loi du 3 mai 1844, le produit des amendes, après le prélèvement des gratifications, est attribué aux communes sur le territoire desquelles les infractions ont été commises. Cette attribution comprend non seulement les amendes sujettes à la gratification au profit des gendarmes et gardes, mais encore celles qui auront été prononcées sur les procès-verbaux des maires et adjoints, commissaires de police, employés des contributions indirectes et des octrois, lesquels, comme il a été dit ci-dessus, n'ont pas droit à la gratification.

Pour l'exécution des dispositions de l'article 19 de la loi, l'article 3 de l'ordonnance du 5 mai 1845 prescrit de tenir un compte spécial par commune du recouvrement des amendes. Ce compte devant être tenu par le receveur du bureau de la situation des communes où les délits auront été commis, il est indispensable que ce receveur fasse la recette des amendes, lors même que les individus condamnés pour ces délits sont domiciliés dans le ressort d'un autre bureau. Mais, dans ce cas, le recouvrement de l'amende sera opéré par le receveur du domicile du condamné, qui en tiendra compte à son collègue, par virement, selon le mode déterminé par la Circulaire de la Comptabilité générale des Finances du 30 novembre 1833.

Le compte spécial par commune sera établi conformément au modèle annexé à la présente. Il sera réglé chaque année. Le receveur portera à la dépense, outre le montant des gratifications payées aux gendarmes et gardes, le cinq pour cent de la recette pour frais de régie. Le produit restant des amendes sera payé à la commune sur le territoire de laquelle le délit aura été commis, suivant le mode prescrit pour les amendes de police simple par les instructions n°˙ 1122 et 1188. L'état qui pour ce paiement devra être formé à la fin de l'année. et arrêté par le préfet, sera la copie exacte du compte ouvert à chaque commune. En cas d'insuffisance du produit des amendes pour couvrir le montant des gratifications et des frais de régie, il ne sera exercé aucun recours pour l'excédant contre la commune. Mais les frais de poursuite concernant les amendes de chasse, lorsqu'ils tomberont en non-valeur, seront remboursés au receveur sur le fonds commun des amendes de police correctionnelle, conformément à l'article 6 de l'ordonnance royale du 30 décembre 1823, transcrite dans l'instruction n° 1122.

Comme les états par commune à fournir en fin d'année doivent être la reproduction exacte du compte ouvert à chaque commune sur le registre spécial fourni par l'administration, il est important que cette partie de la comptabilité des receveurs soit tenue avec le plus grand soin. Dès que le compte ouvert à la commune intéressée de toute recette ou dépense est annoté des écritures nécessaires, les états par année ne présentent aucune difficulté, puisqu'ils sont la copie fidèle du registre.

Il faut bien faire attention de porter dans les quatre dernières colonnes de l'état relatives à la *dépense*, toutes les gratifications payées (1) ; on fait ensuite le total pour l'année, on déduit pour frais de régie cinq pour cent sur la recette portée dans les quatre premières colonnes, on fait le total général des déductions, on prend la différence entre le montant de la recette et celui des déductions, et cette différence forme le montant de l'attribution à la commune.

On voit qu'il est bien important de tenir un compte exact des gratifications.

(1) Si le paiement de ces gratifications n'a pas encore été effectué, il faut également porter sur l'état le montant de toutes les gratifications dues.

Aux termes de l'article 2 de l'ordonnance royale du 5 mai 1845, ci-dessus rapportée, la gratification accordée aux gendarmes et gardes qui constatent des infractions à la loi du 3 mai 1844 sur la police de la chasse, *est due pour chaque amende prononcée.*

Lorsqu'une décision royale a fait remise ou a *réduit* le montant d'une amende prononcée pour délit de chasse, la gratification des gendarmes et gardes est implicitement exceptée de cette mesure, et doit être recouvrée sur le délinquant, et la perte de la gratification ou d'une partie de la gratification ne doit pas être supportée par les agens qui ont constaté le délit ; ainsi, en cas de réduction de l'amende, la gratification totale doit être portée au compte spécial par commune ; on déduit cinq pour cent sur la somme reçue, et le reste est attribué à la commune.

N° 19.

ÉTAT

Récapitulatif des États ci-dessus, n°s 16, 17 et 18.

Cet État doit être dressé après la formation des États d'Amendes par communes, et de l'État pour le Fonds commun, et renfermer lesdits états.

Voir modèle de cet État, 5e partie, n° 33.

Les instructions relatives aux états d'amendes attribuées aux communes et hospices ne prescrivent aucunement la formation de cet état, mais nous conseillons cependant de le dresser, parce qu'il a pour but de faire voir, au premier coup-d'œil, qu'il existe une conformité parfaite entre les sommes portées sur le registre de recette des amendes et celles portées sur tous les états en question.

Cet état, développé par colonnes, indique : 1° la commune (alphabétiquement), 2° le principal de l'amende, 3° le 5 pour 0/0 à déduire, 4° le restant net.

On porte d'abord sur cet état ou tableau récapitulatif les états par communes, on totalise au-dessous du total, on ajoute, en une seule ligne, les amendes correctionnelles, puis les amendes de chasse, on forme un total général qui doit cadrer avec les recouvremens opérés sur les deux exercices, sous le titre : *Amendes attribuées aux communes et hospices.*

N° 20.

ÉTAT

Émargé pour Quittance, par les Percepteurs des contributions directes, de la remise de 2 1/2 pour cent, qui leur a été payée sur le prix des papiers timbrés à eux délivrés successivement, pendant l'année, par le Receveur de l'enregistrement et des domaines.

Voir modèle de cet État à la 5ᵉ page de l'Instruction générale du 10 juin 1836, n° 1512.

Cet État doit être remis, dans les quinze premiers jours du mois de janvier, à l'Employé supérieur.

(*Instruction générale susdatée; autres du* 18 *février* 1841, *n°* 1628, *et* 29 *juin* 1844, *n°* 1711.

D'après l'article de la loi du 18 février 1791 et l'article 27 de celle du 13 brumaire an VII, nul ne peut vendre ou distribuer du papier timbré qu'en vertu d'une commission de l'administration, sous peine d'amende et de confiscation des papiers saisis.

Les receveurs de l'enregistrement et des domaines étaient seuls chargés autrefois de la vente du papier timbré dans les départemens. A Paris seulement, il était établi des bureaux de distribution indépendans de la recette des droits d'enregistrement.

Cependant il n'existait pas de bureau de l'enregistrement dans tous les cantons. Dans quelquesuns, des communes d'une certaine importance par leur population, leur commerce ou leur industrie, n'étant point chefs-lieux de canton, n'en possédaient point. Les particuliers pouvaient avoir ainsi à parcourir d'assez grandes distances pour se procurer du papier timbré. En l'année 1836, des réclamations se sont élevées à cet égard dans plusieurs départemens; on a demandé l'établissement, suivant les besoins des localités, de bureaux de distribution de papier timbré autres que celui du receveur de l'enregistrement.

Il était du devoir de l'administration de placer les dépôts de papiers timbrés, autant que possible, à portée des contribuables, de ne pas les forcer à des déplacemens onéreux pour s'en procurer.

D'un autre côté, l'établissement de bureaux particuliers de distribution pouvait, dans certaines localités, servir à propager l'usage du papier timbré, et contribuer à l'accroissement de cette branche de produits; aussi, M. le ministre des finances a pris, le 8 avril 1836, un arrêté ainsi conçu :

ART. 1er.

« L'administration de l'Enregistrement et des
» Domaines pourra, sur la demande et la proposition du préfet du département, et lorsqu'elle le

» le jugera convenable, charger des percepteurs
» des contributions directes, résidant dans des
» communes où il n'existe pas de bureau d'enre-
» gistrement, de la vente, au prix du tarif, des pa-
» piers timbrés ci-après :

» Timbre proport. (1). { Effets à 25 c.
                        {   ID. à 50 c.

» Timbre de dimension. { Feuilles à 35 c.
                       {   ID.   à 70 c.
                       {   ID.   à 1 fr. 25 c. (2)

(1) Les coupons au timbre de 15 centimes, émis en exécution de l'article 16 de la loi du 20 juillet 1837, transmise par l'instruction générale n° 1544, pour les effets et billets négociables ou non négociables d'une somme de 3 0 francs et au-dessous, ont été ajoutés à la classe des papiers au timbre proportionnel qui peuvent être vendus par les percepteurs.

(Inst. du 18 février 1841, n° 1628.)

(2) En ce qui concerne les papiers au timbre de dimension, l'administration a été informée que des percepteurs fournissaient de ces papiers, et principalement de celui à 1 fr. 25 centimes la feuille, aux notaires et autres officiers publics. En autorisant la distribution du papier timbré par les percepteurs, M. le ministre des finances a eu pour but d'en propager l'usage parmi les particuliers. Cette mesure, qui a pour résultat de faire supporter au trésor une double remise sur le produit de la vente des papiers, n'a nullement été prise en faveur des officiers publics. Au moyen de leurs relations fréquentes et nécessaires avec le bureau de l'enregistrement, ceux-ci peuvent y prendre sans aucun dérangement tous les papiers dont ils ont besoin pour les actes de leur ministère.

Toutefois, il n'a pas paru possible de défendre d'une manière absolue aux percepteurs de vendre du papier timbré aux officiers publics, cette défense pouvant être facilement éludée à l'insu même du percepteur. Mais comme l'abus portait spécialement sur le papier à 1 fr. 25 centimes la

Art. 2.

» Les percepteurs seront tenus de prendre ces
» papiers timbrés au bureau de l'enregistrement
» duquel dépend la commune de leur résidence.
» Ils ne pourront, sous aucun prétexte, en rester
» dépourvus. Ils paieront comptant le prix des
» papiers qui leur seront délivrés. Le receveur de
» l'enregistrement constatera immédiatement cette
» délivrance sur un registre spécial.

Art. 3.

» Il sera alloué aux percepteurs, sur le prix des
» papiers timbrés qu'ils prendront au bureau de
» l'enregistrement, une remise uniforme de deux
» et demi pour cent, dont ils donneront quittance
» par émargement sur un état constatant les espèces,
» quantités et prix des papiers délivrés.

Art. 4.

» Tout concert entre un receveur de l'enregis-
» trement et un percepteur des contributions di-
» rectes, tendant à faire supporter au trésor public
» une double remise, par l'accroissement factice
» ou simulé des quantités des papiers timbrés ven-

feuille, M. le ministre des finances a décidé, le 18 janvier 1841, que les
papiers de cette espèce cesseront d'être compris parmi ceux dont la vente
peut, aux termes de l'arrêté du 8 avril 1836, être faite par les percepteurs
des contributions directes.

» dues par le percepteur, sera puni par la desti-
» tution des deux préposés.

» Le percepteur qui vendra du papier timbré au-
» dessus du prix fixé par le tarif sera destitué et
» poursuivi comme concussionnaire. Il encourra
» également la peine de la destitution s'il en vend
» au-dessous de ce prix.

Art. 5.

» Les préposés de l'administration de l'enregis-
» trement et des domaines surveilleront la vente
» des papiers timbrés par les percepteurs. Ceux-ci
» seront tenus, toutes les fois qu'ils en seront re-
» quis, de leur représenter les papiers timbrés qu'ils
» auront entre leurs mains. »

Cet arrêté a principalement pour objet de fournir
aux habitans des communes éloignées de la résidence du receveur de l'enregistrement, le moyen
de se procurer du papier timbré avec le moins
possible de retard et de déplacement.

Ainsi, quand des percepteurs sont chargés de la
débite du timbre, ils doivent s'approvisionner au
bureau de l'enregistrement de leur canton. Ils ne
peuvent vendre d'autres espèces de papiers que
celles désignées à l'article 1er de l'arrêté du ministre,
à l'exception toutefois du timbre à 1 fr. 25 c. qu'ils
ne peuvent plus débiter, ainsi que nous l'avons dit
plus haut.

A chaque approvisionnement, le percepteur donne quittance de la remise de **2 1/2** p. 0/0 par émargement, sur un état dressé à la main par le receveur de l'enregistrement ; c'est cet état qui, à la fin de l'année, est terminé et remis à l'employé supérieur chargé de la tournée de comptabilité. Le modèle tracé par l'instruction n° **1512**, nous dispense de donner la manière de le former.

N° 21.

ÉTAT

Émargé pour Quittance de la Remise de 2 1/2 pour 0/0, payée aux Receveurs des Douanes, sur le prix des Papiers timbrés qui leur ont été délivrés, et sur les Recettes des Droits de Visa pour Timbre, et des Amendes de Contravention au Timbre des Lettres de Voiture et Connaissemens par eux versées au Bureau de l'Enregistrement, pendant l'année.

Voir modèle de cet État, page 5° de l'Instruction générale du 17 janvier 1843 , n° 1682.

Cet État doit être dressé dans les quinze premiers jours du mois de janvier, et remis à l'Employé supérieur.

(Instruction générale susdatée; — Circulaire du 28 janvier 1843 ; — Instruction générale du 12 février 1844, n° 1705.)

Un arrêté de **M.** le ministre des finances, du **24** décembre **1842** , est conçu en ces termes ,

« ART. 1er. — Les receveurs des douanes, dans
» les localités où il n'existe pas de bureau de l'en-
» registrement, pourront être chargés de viser,
» pour valoir timbre, les lettres de voiture et les
» connaissemens venant de l'étranger, et de faire
» la recette des droits à raison de la dimension du
» papier.

» Art. 2. — En ce qui concerne les lettres de
» voiture et les connaissemens faits en France sur
» papier non timbré ou non marqué des timbres
» prescrits par l'art. 6 de la loi du 11 juin 1842,
» les mêmes receveurs seront autorisés à les viser
» pour timbre, moyennant le paiement des droits
» et des amendes encourues, lorsque les contreve-
» nans consentiront à les acquitter sur-le-champ
» pour éviter qu'il soit rapporté procès-verbal.

» Art. 3. — La formalité du visa pour timbre et
» la recette des droits et amendes de timbre seront
» constatés sur un registre fourni aux receveurs
» des douanes par l'administration de l'enregistre-
» ment et des domaines.

» Art. 4. — Ces receveurs pourront, en outre,
» être chargés de la vente au prix du tarif des papiers
» timbrés ci-après :

» Timbre de dimension à
{
0 f. 35 c. la demi-feuille.
0   70   la feuille.
1   50   la feuille.
}

» Art 5. — Les receveurs des douanes seront
» tenus de prendre ces papiers timbrés au bureau
» de l'enregistrement duquel dépend la commune
» de leur résidence (1). Ils ne pourront, sous au-

(1) D'après l'article 5 ci-dessus, les receveurs des douanes sont tenus de
prendre, au bureau de l'enregistrement duquel dépend la commune de

» cun prétexte, en rester dépourvus; ils paieront
» comptant le prix des papiers qui leur seront déli-
» vrés. Le receveur de l'enregistrement constatera
» immédiatement cette délivrance sur un registre
» spécial.

» ART. 6. — Il sera alloué aux receveurs des
» douanes une remise uniforme de 2 et demi pour
» cent, tant sur le prix des papiers timbrés qu'ils
» prendront au bureau de l'enregistrement que sur
» le produit des droits et du principal des amendes
» dont ils auront fait recette, conformément aux
» articles 1 et 2 ci-dessus.

» Ils donneront quittance de cette remise par
» émargement, sur un état présentant, soit les
» espèces, quantités et prix des papiers délivrés,
» soit la nature et le montant des recettes.

leur résidence, les papiers timbrés qu'ils sont autorisés à vendre pour les lettres de voiture et connaissemens. L'administration des douanes a représenté que, dans certaines localités, la commune de la résidence du receveur des douanes est placée à une assez grande distance du bureau de l'enregistrement duquel elle dépend ; qu'il en résulte des retards préjudiciables au service des douanes et même à la répression des contraventions à la loi sur le timbre ; qu'on éviterait ces inconvéniens en autorisant les receveurs des douanes à établir les relations déterminées par l'arrêté du ministre avec un bureau de l'enregistrement plus voisin de leur résidence, quoiqu'appartenant à un autre canton et même à un autre arrondissement communal ; en sorte qu'il a été décidé le 3 janvier 1844 que les receveurs des douanes prendront les papiers timbrés au bureau le plus voisin dépendant du même département. (*Inst.* 1705.)

» Art. 7. — Tout concert entre un receveur de
» l'enregistrement et un receveur des douanes,
» tendant à faire supporter au trésor public une
» double remise par l'accroissement factice ou si-
» mulé des papiers timbrés vendus ou des recettes
» faites par le receveur des douanes, sera puni par
» la destitution des deux préposés.

» Le receveur des douanes qui vendra du papier
» timbré *au-dessus* du prix fixé par le tarif sera des-
» titué et poursuivi comme concussionnaire; il en-
» courra également la destitution s'il vend *au-dessous*
» de ce prix.

» Art. 8. — Le produit des droits de timbre et
» des amendes perçus en exécution des articles 1
» et 2 du présent arrêté sera versé, à la fin de
» chaque mois, par les receveurs des douanes au
» bureau de l'enregistrement duquel dépend la
» commune de leur résidence. Ce versement sera
» constaté par un récépissé du receveur de l'enre-
» gistrement (1).

» Art. 9. — Les employés supérieurs de l'enre-
» gistrement et des domaines se transporteront

(1) Aux termes de cet article 8, les receveurs des douanes doivent verser
au bureau de l'enregistrement duquel dépend la commune de leur résidence; mais, d'après les observations consignées dans la note précédente,
le produit des droits de timbre et des amendes perçus sera versé par les
receveurs des douanes au bureau de l'enregistrement désigné pour l'achat
du papier timbré par le Directeur.

» chez les receveurs des douanes chargés de la vente
» des papiers timbrés et de la recette des droits et
» amendes de timbre sur les lettres de voiture et
» les connaissemens : ceux-ci seront tenus de re-
» présenter à ces employés, pour être vérifiés, le
» registre servant à cette recette et les papiers tim-
» brés restant en nature dans leurs mains.

» Art. 10. — Le directeur général de l'admi-
» nistration de l'enregistrement et des domaines et
» le directeur de l'administration des douanes sont
» chargés, chacun en ce qui le concerne, de l'exé-
» cution du présent arrêté. »

Le décret du 16 messidor an XIII a autorisé les
préposés des douanes à constater les contraventions
au timbre des lettres de voiture et de connaissemens,
en leur attribuant la moitié des amendes payées par
les contrevenans.

L'arrêté ci-dessus de M. le ministre des finances
appelle à un concours plus actif les receveurs des
douanes dans les localités où il n'existe pas de bureau de l'enregistrement, en même temps qu'il
apporte au commerce de nouvelles facilités, soit
pour le paiement des droits de visa pour timbre et
des amendes, soit pour l'achat des papiers timbrés
nécessaires à la rédaction des lettres de voiture et
connaissemens.

Les attributions qui, suivant l'arrêté ministériel, peuvent être conférées au receveur des douanes, consistent, savoir : 1° dans le visa pour timbre et la recette des droits pour les lettres de voiture et les connaissemens venant de l'étranger (article 1ᵉʳ) ; 2° dans le visa pour valoir timbre et la recette des amendes pour les lettres de voiture et connaissemens faits en France sur papier non timbré, ou en contravention à l'article 6 de la loi du 11 juin 1842, mais seulement lorsque les contrevenans consentiront à les acquitter sur-le-champ, pour éviter la rédaction d'un procès-verbal (article 2) ; 3° dans la distribution, au prix du tarif, des papiers timbrés de dimension à 35 cent. la demi-feuille, à 70 cent. et à 1 fr. 50 cent. la feuille (article 4).

L'administration des douanes fera connaître à celle de l'engistrement les receveurs des douanes auxquels ces attributions pourront être données. Une commission spéciale, signée par le directeur général, leur sera délivrée par le directeur de l'enregistrement du département ; il leur remettra en même temps le registre sur lequel ils devront constater, conformément à l'article 3 de l'arrêté, la formalité du visa pour timbre, ainsi que la recette des droits et amendes. Les registres de recette du visa pour timbre pourront servir provisoirement à cet usage.

La recette des droits et amendes de timbre pour les lettres de voiture et connaissemens faits en France est expressément limitée au cas où les parties consentiront à les payer sur-le-champ. Dans le cas contraire, le receveur des douanes devra constater la contravention par un procès-verbal qu'il remettra immédiatement au receveur de l'enregistrement du bureau duquel dépend la commune de sa résidence, ou au bureau qui aura été désigné : celui-ci poursuivra contre le contrevenant le recouvrement des droits et de l'amende. On rappelle que le procès-verbal doit être notifié dans les délais fixés par l'article 32 de la loi du 13 brumaire an VII et par la loi du 25 germinal an XI. (*Instruction n° 1537, sect. 2, n° 202.*)

Le receveur des douanes ne pourra vendre d'autres espèces de papiers timbrés que celles qui sont désignées à l'article 4 de l'arrêté du ministre. Le tarif de ces papiers sera affiché à un endroit apparent de son bureau.

L'article 8 de l'arrêté contient, relativement à la délivrance des papiers timbrés aux receveurs des douanes, des dispositions semblables à celles qui ont été prescrites à l'égard des percepteurs des contributions directes par l'article 2 de l'arrêté du 8 avril 1836, transcrit dans l'instruction n° 1512. Le registre établi conformément à cette instruction, pour constater les quantités, espèces et prix des papiers timbrés délivrés aux percepteurs, servira également pour les papiers remis aux receveurs des douanes.

Une remise de deux et demi pour cent est allouée par l'article 6 de l'arrêté ministériel aux receveurs des douanes, tant sur le prix des papiers timbrés que sur le produit des droits et amendes dont ils auront fait recette. Ils donneront quittance de cette remise par émargement sur un état conforme au modèle indiqué ci-dessus ; elle sera portée en dépense dans les comptes sous le même article que celle qui a été accordée aux percepteurs des contributions directes par l'arrêté du 8 avril 1836. A la fin de l'année, il sera délivré, au profit du receveur de l'enregistrement, un mandat de la somme totale de la remise auquel sera joint l'état des quittances, par émargement, des receveurs des douanes.

Ainsi, à la fin de l'année, après avoir complété l'état des quittances selon le modèle indiqué ci-dessus et annexé à l'Instruction n° 1682, on le remet à l'employé supérieur chargé de la tournée de comptabilité.

Nous nous dispensons de donner une explication plus directe sur la manière de former cet état, parce que la contexture des colonnes indique assez ce qu'il faut faire.

N° 22.

ÉTAT

*Émargé pour Quittance, par les Percepteurs des Contri-
butions directes, de la Remise de 3 pour 0/0 qui leur a
été payée sur le prix des Formules de Passe-Ports à
l'intérieur, à eux délivrés successivement pendant l'année par le Receveur de l'Enregistrement et des Domaines.*

Voir modèle de cet État à la page 6e de la Circulaire de la Comptabilité
générale des finances du 8 décembre 1828, n° 14.

**Cet État doit être remis, dans les quinze premiers jours de
janvier, par les Receveurs de l'Enregistrement des chefs-
lieux de départemens et d'arrondissemens seulement, à
l'Employé supérieur chargé de la tournée de comptabilité.**

Les passe-ports sont fournis par l'administration
de l'enregistrement. Le prix des passe-ports à l'intérieur est de deux francs. Ils sont envoyés aux
Directeurs en quantité suffisante pour subvenir aux
besoins présumés de leur département pendant une
année.

La recette du prix des formules de passe-ports à
l'intérieur est faite au chef-lieu du département
par le receveur du timbre extraordinaire, et dans
les arrondissemens communaux par le receveur de
l'enregistrement du chef-lieu, qui en tient un re-

gistre spécial. (*Inst.* 496 *et* 524.) Les percepteurs reçoivent les formules des mains des receveurs de l'enregistrement, ils en paient le prix sur-le-champ ; ils ne peuvent les remettre qu'aux maires, qui leur tiennent compte du prix de celles qu'ils ont employées ; ils déposent les récépissés des maires aux receveurs, toutes les fois qu'ils demandent de nouvelles formules, pour justifier l'emploi des passe-ports qui formaient leur dernier approvisionnement.

Les receveurs de l'enregistrement des chefs-lieux d'arrondissemens, chargés de la débite des formules, tiennent ouvert, chaque année, dans leur bureau, un état conforme au modèle indiqué ci-dessus, sur lequel ils inscrivent, par ordre de date, le nombre et le prix des formules successivement délivrées aux percepteurs, ainsi que le montant de la remise à eux payée (3 p. 0/0) ; cet état est successivement émargé par ces derniers.

A la fin de l'année, l'état est complété ; il doit présenter des résultats identiques avec le compte d'année, soit pour le nombre et le prix des passe-ports délivrés, soit pour le montant de la remise payée aux percepteurs.

N° 23.

RELEVÉ EXPLICATIF

Des Différences entre le Compte d'année et le Bordereau du mois de Décembre.

Ce Relevé doit être joint au Compte d'année.

(*Circulaires Comptabilité du 15 novembre 1831, n° 22, du 20 novembre 1832, n° 27, du 26 août 1840, n° 52, § 3.*)

Conformément à la Circulaire de la Comptabilité générale des finances, du 15 novembre 1831, n° 22, c'est l'employé supérieur qui assiste à la rédaction des comptes d'année, qui doit faire l'état des différences qui existent entre le compte d'année et le bordereau de décembre; mais comme le receveur, en dressant ses comptes, a pu déjà apprécier les différences qui peuvent exister, il est bon de préparer cet état, afin que l'employé supérieur n'ait plus qu'à en vérifier l'exactitude et à le compléter.

Il faut faire ressortir, dans cet état, les différences, somme par somme, résultant de la comparaison du compte d'année et du bordereau de décembre. Dans une colonne d'observations il faut exliquer les causes de ces différences. Non-seulement les erreurs de chiffres, mais encore celles de classement de recettes et de dépenses doivent figurer sur cet état, dont l'objet est d'obtenir la certitude que les changemens opérés sur le compte d'année consistent en redressement d'erreurs réelles, et ne sont pas eux-mêmes la suite de nouvelles erreurs qni ont été commises dans le compte.

N° 24.

COMPTE SOMMAIRE

En nature, tant des Papiers timbrés que des Formules de Passe-Ports et Permis de Chasse pour l'année.

Des imprimés sont fournis par l'Administration.

Ce Compte doit être adressé à la Direction le 1er janvier de chaque année.

(Circulaire de M. le Directeur général, du 15 décembre 1834, § 1er.)

Ce compte, qui présente les quantités débitées pendant l'année expirée et celles qui resteront en nature à la fin de cette année, est nécessaire à la direction pour régler l'approvisionnement du magasin en papier timbré et en formules de passe-ports et permis de chasse, proportionnellement aux besoins présumés du service pendant l'année courante. Aussi, ce compte sommaire, qui ne contient que *les quantités*, doit être adressé à la direction dans les premiers jours du mois de janvier.

Ce compte étant la reproduction exacte de celui qui a été établi sur le registre du timbre au 31 décembre, on le copie *en ce qui concerne seulement les quantités*.

A cette occasion, nous ferons remarquer qu'il a

été prescrit par la comptabilité de ne comprendre aucune fraction de feuille dans les comptes en matière de papiers timbrés, et par conséquent, de considérer comme débitée ou employée en totalité toute feuille qui, au 31 décembre, ne l'aurait été qu'en partie.

N° 25.

RELEVÉS

Des Affaires en matière d'insuffisance de Prix et d'Évaluations d'immeubles, terminées pendant l'année.

Voir le modèle de ces États, 5ᵉ partie, nᵒˢ 34, 35 et 36.

Ces États doivent être dressés dans les quinze premiers jours du mois de janvier, et remis à l'Employé supérieur.

(Instruction générale du 8 octobre 1840, nᵒ 1624; — Circulaires de M. le Directeur général des 14 juin 1841 et 2 novembre 1843.)

L'administration a toujours placé au premier rang des devoirs des préposés la recherche et la répression des simulations de prix des ventes et des fausses évaluations d'immeubles. Elle a déclaré, au § 5 de l'Inst. gén., nᵒ 1624, que le zèle, l'intelligence et l'activité dont les préposés auront fait preuve dans ces opérations, seront pris en grande considération dans l'appréciation des titres à l'avancement. Il est donc important de présenter dans ces états les moyens de faire apprécier son zèle.

Il est nécessaire d'entrer dans quelques considérations générales avant d'établir la manière de former ces relevés.

L'administration est autorisée par l'article 17 de la loi du 22 frimaire an VII à requérir une expertise lorsque le prix énoncé dans un acte translatif de propriété ou d'usufruit de biens immeubles à titre onéreux, paraît inférieur à leur valeur vénale à l'époque de l'aliénation. La demande d'expertise doit être formée dans l'année, à compter de l'enregistrement du contrat.

L'article 18 de la même loi règle les formalités de la procédure relative à l'expertise ; les frais en sont à la charge de l'acquéreur lorsque l'estimation excède d'un huitième le prix énoncé au contrat. Dans ce même cas, il y a lieu, suivant l'article 5 de la loi du 27 ventose an IX, au double droit d'enregistrement sur le supplément d'estimation ; le droit simple est seul exigible, si ce supplément n'est point supérieur au huitième du prix exprimé dans l'acte d'aliénation.

L'expertise des revenus des immeubles transmis en propriété ou usufruit à tout autre titre qu'à titre onéreux, peut être également demandée en vertu de l'article 19 de la loi du 22 frimaire an VII, lorsque l'insuffisance de l'évaluation ne peut être établie par actes qui fassent connaître les véritables revenus des biens. Dans ce cas, le délai de prescription pour la demande en expertise est fixé par l'article 61 à deux ans, à compter du jour de l'enregistrement de l'acte ou de la déclaration. Quelle

que soit la quotité de l'insuffisance constatée par
le rapport des experts, elle est passible du double
droit d'après l'article 39 de la même loi, et les frais
de l'expertise sont à la charge des parties.

Le premier soin du préposé, lorsqu'il est
parvenu à établir d'une manière à-peu-près certaine la preuve d'une insuffisance de prix de vente
d'immeubles ou d'évaluation en revenu, doit être
d'appeler au bureau, par un avertissement, la partie
qui aurait à supporter le supplément de droits d'enregistrement. Quand elle se présente, il lui com-
munique les faits, actes et documens qui établissent l'insuffisance ; il lui fait connaître les peines
portées par la loi, les conséquences d'une demande
en expertise ; il écoute et discute ses observations.
Si, d'après ces explications, la partie se détermine
à offrir le paiement d'un supplément de droits,
l'employé lui fait souscrire une soumission, mais
toujours sous la réserve expresse de l'approbation du
Directeur ou de l'administration. Il adresse ensuite
au Directeur cette soumission, avec un rapport appuyé des pièces justificatives, et dans lequel il ex-
pose et apprécie les preuves de l'insuffisance de
prix ou d'évaluation, et exprime son opinion, tant
sur les chances probables d'une expertise que sur
l'acceptation du supplément de droits offert par la
partie.

Ainsi, en cas de fraudes certaines pour s'affranchir des droits de mutations entre-vifs et par décès, on fait souscrire une soumission pour désintéresser le trésor, ou l'on procède à l'expertise.

A la fin de l'année, pour mettre l'administration en mesure d'apprécier le travail et le zèle des employés, ceux-ci dressent trois états conformes aux modèles indiqués plus haut, pour remplacer le relevé prescrit par l'Instruction n° 1624.

Le premier est l'état des affaires en matière d'insuffisance de prix ou d'évaluation, terminées *au moyen de soumissions des parties*. Au lieu de présenter, comme par le passé, le détail de ces affaires, article par article, il n'en contient que la récapitulation par nature de recette.

Le second est l'état des affaires terminées *par voie d'expertise*. L'administration veut connaître toutes les circonstances qui influent sur les résultats de ces opérations. Il faut en conséquence s'expliquer, *pour chaque affaire séparément*, sur les causes de la différence existant entre la valeur donnée aux immeubles dans le rapport fait au Directeur pour obtenir l'autorisation de provoquer l'expertise, et la valeur constatée par les experts, c'est-à-dire par le jugement d'homologation de leur procès-verbal. Ces explications sont données dans la colonne d'observations. Il faut avoir soin que le montant des frais d'expertise, mis à la charge de l'administration ou des parties, soit indiqué de la manière la plus exacte.

Le troisième relevé est destiné plus particulièrement à faire apprécier le travail du receveur, relativement à la répression des insuffisances de prix ou d'évaluation d'immeubles. Les résultats de ce relevé doivent s'accorder avec ceux des deux premiers dont on vient de parler.

Il convient de remarquer que sur le premier état, relatif aux affaires terminées par soumission, il ne faut porter qu'un seul article pour toute l'année ; par conséquent, on relève sur le *sommier des droits constatés n° 1er*, tous les articles d'insuffisance en *valeur vénale,* et tous les articles d'insuffisance *en revenu*, et on porte le nombre et le montant *séparément,* en une seule ligne, dans les colonnes à ce destinées de ce premier état.

Relativement au second état, concernant les affaires terminées par voie d'expertise, il faut porter autant d'articles séparément qu'il en a été consigné sur le sommier des droits constatés n° 1er ; on trouvera, pour remplir les colonnes du tableau, tous les renseignemens nécessaires dans la consignation des articles.

Quant au troisième état, on ne doit y porter qu'une seule fois, sous les noms réunis du receveur et de l'employé supérieur, tous les articles découverts par les employés supérieurs et les receveurs, conjointement.

N° 26.

ÉTATS

Par Communes ou par Etablissemens, des Avances faites pour le Compte des Communes et des Etablissemens publics.

Le modèle de ces États est contenu dans le corps de cet article.

Ils doivent être dressés dans les quinze premiers jours de janvier, et remis à l'Employé supérieur.

(Instructions générales du 24 octobre 1821, n° 1001, et du 18 août 1826, n° 1195.)

Aux termes de l'article 1ᵉʳ du règlement du 18 juin 1811, transmis par l'Instruction n° 531, l'administration doit faire l'avance des frais de justice pour les actes et procédures ordonnés d'office ou à la requête du ministère public, sauf à poursuivre, ainsi que de droit, le recouvrement de ceux de ces frais qui ne sont pas à la charge de l'État.

L'article 157 du même règlement porte que ceux qui se seront constitués parties civiles seront personnellement tenus des frais, sauf leur recours contre les condamnés.

Enfin, l'article 158 assimile aux parties civiles les communes et les établissemens publics dans les procès instruits, ou à leur requête, ou même d'office, pour crimes ou délits contre leurs propriétés.

Des doutes avaient été élevés sur la question de savoir si les établissemens publics, considérés comme parties civiles, devaient acquitter directement les frais. Le ministre des finances a décidé le 24 septembre 1812, et le ministre de la justice a fait connaître aux procureurs généraux le 6 octobre suivant, que les frais des procédures instruites pour crimes et délits concernant les bois des communes, hospices ou autres établissemens publics, sont susceptibles d'être payés pour le compte de ces établissemens, par les préposés de l'enregistrement et des domaines.

Ainsi, les communes et les établissemens publics, dans la poursuite des délits qui intéressent leurs propriétés, sont considérés comme parties civiles ; les formalités ont lieu en débet, et les frais sont acquittés, à titre d'avance, sur les caisses de l'administration.

A l'égard du recouvrement, il doit être suivi, soit contre le délinquant condamné, soit contre l'établissement considéré comme partie civile. L'action est ouverte vis-à-vis de l'établissement, lorsque le condamné est insolvable, ou lorsque le prévenu de délit a été renvoyé de la plainte.

Dans le cas de jugement de condamnation contre le délinquant, le receveur agit vis-à-vis du condamné ainsi qu'il est prescrit par l'ordonnance du Roi du 22 mai 1816, pour faire rentrer les frais en même temps que l'amende.

Lorsque le tribunal renvoie le prévenu de la plainte formée pour délit dans la propriété d'un établissement public, le jugement d'absolution doit contenir, conformément aux dispositions du règlement du 18 juin 1811, une condamnation contre cet établissement, en remboursement des frais et droits avancés pour lui par l'administration de l'enregistrement, et la liquidation du montant de cette avance.

Dans les quinze premiers jours du mois de janvier de chaque année, le receveur forme, distinctement, pour chaque commune ou établissement public débiteur, un relevé des avances à recouvrer contre cet établissement.

Ce relevé contient : 1° un numéro d'ordre, 2° le numéro du sommier, 3° la date du jugement, 4° le nom de chaque prévenu ou condamné, 5° le montant des frais liquidés contre les délinquans insolvables, sauf la déduction des à-comptes, s'il en a été payé, 6° le montant des frais liquidés par les jugemens d'absolution, 7° et une colonne d'observations.

Ces états sont formés en double minute, dont l'une reste au bureau pour y recourir au besoin ;

l'autre, dûment certifiée et dressée sur une feuille séparée pour chaque établissement débiteur, est transmise au Directeur, avec un état récapitulatif qui doit présenter le total général des sommes dues pour l'année qui vient de finir.

Le Directeur fait les démarches nécessaires auprès de M. le préfet, conformément à l'Instruction n° 643, pour que le montant en soit acquitté sur des fonds disponibles ou compris au budget de chaque établissement débiteur; il informe ensuite les receveurs du moment où le paiement est autorisé, et ceux-ci s'adressent après au receveur de la commune ou de l'hospice pour faire réaliser le paiement.

N° 27.

ÉTAT

*Des Frais avancés pour le compte de l'Administration de la
Marine.*

**Cet État doit être adressé à la Direction dans le courant du
mois de janvier de chaque année.**

(Exécution de l'Instruction générale du 28 mars 1840, n° 1609.)

Le décret du 18 juin 1811 , transmis par l'Instruction n° 531 , contient les dispositions suivantes :

Art. 157.

« Ceux qui se seront constitués parties civiles ,
» soit qu'ils succombent ou non , seront person-
» nellement tenus des frais d'instruction , expé-
» dition et signification des jugemens , sauf leur
» recours contre les prévenus ou accusés qui seront
» condamnés , et contre les personnes civilement
» responsables du délit.

Art. 158.

» Sont assimilés aux parties civiles : 1° toute régie
» ou administration publique , relativement aux
» procès suivis , soit à sa requête , soit même d'of-
» fice et dans son intérêt , les communes et les éta-
» blissemens publics dans les procès instruits ou à

» leur requête ou même d'office, pour crimes ou
» délits commis contre leurs propriétés.

ART. 159.

» Toutes les fois qu'il y aura partie civile en
» cause et qu'elle n'aura pas justifié de son indi-
» gence dans la forme prescrite par l'article 420
» du Code d'Instruction criminelle, les exécutoires
» pour les frais d'instruction, expédition et signifi-
» cation des jugemens, pourront être décernés
» directement contre elle. »

L'administration de la marine étant considérée
comme partie civile, il y a lieu de lui appliquer ces
diverses dispositions.

Les frais des procédures suivies contre les contrevenans dans l'intérêt du département de la marine,
agissant pour l'exécution des lois sur la police maritime, sont avancés par les receveurs de l'enregistrement, ainsi que le prescrit l'Instruction n° 1195.
Ces avances sont portées en dépense à l'article :
*Frais de Procédure dans l'intérêt des Communes et
Établissemens publics*. Le recouvrement de ces frais
doit s'opérer, soit sur les contrevenans condamnés,
soit, en cas de non-valeur, par les soins de l'administration de la marine, au moyen d'un relevé fait
dans la forme indiquée au numéro précédent, et
qui est adressé au Directeur dans le courant du
mois de janvier : celui-ci le transmet au chef du

service de la marine de l'arrondissement ou sous-arrondissement. En ce qui concerne les frais de poursuites postérieures au jugement de condamnation, le receveur les comprend en recette et en dépense aux opérations de trésorerie, à l'article : *Frais de Poursuites et d'Instances concernant l'administration de l'Enregistrement et des Domaines.* En cas d'insolvabilité des condamnés, il en est dressé un état détaillé et taxé par le tribunal de première instance; le montant des frais, ainsi tombés en non-valeur, est compris dans le relevé ci-dessus énoncé.

N° 28.

TABLEAU

Du nombre des Actes, Déclarations et Articles de Recette portés sur les registres du bureau pendant l'année, et du nombre des principaux Officiers publics existant dans l'arrondissement dudit bureau.

Voir modèle de cet État, 5ᵉ partie, n° 37.

Cet État doit être adressé dans les dix premiers jours du mois de janvier de chaque année au Directeur.

(*Exécution de l'Instruction générale du 11 novembre 1833, n° 1438.*)

L'administration a besoin de connaître le nombre des actes, déclarations et articles de recette qui ont été inscrits sur les registres des receveurs pendant chaque année. Ces renseignemens sont présentés dans un tableau dont on trouvera ci-après le modèle.

Pour compléter les documens nécessaires à l'administration, il faut indiquer dans les dernières colonnes du tableau le nombre des notaires, greffiers, huissiers et commissaires-priseurs existant dans l'arrondissement du bureau.

Il est bon, chaque mois, de préparer les élémens nécessaires pour la formation du tableau dont il s'agit, afin qu'à l'expiration de l'année on n'ait à opérer que sur les derniers mois, pour établir définitivement le nombre des actes, déclarations et articles de recettes enregistrés durant l'année.

Le tableau doit être fait en double expédition : l'une est adressée au Directeur, et l'autre reste au bureau, afin que son exactitude puisse être vérifiée par les employés supérieurs, lors de leurs opérations dans les bureaux.

N° 29.

TABLEAU

Des Mercuriales, pour servir de base à la Liquidation des Droits d'Enregistrement pour l'année, dressé conformément à l'article 88 des Ordres généraux de Régie, et à l'article 75 de la loi du 15 mai 1818.

Voir modèle de cet État, 5e partie, n° 38.

Ce Tableau doit être dressé en double expédition dans le courant du mois de janvier de chaque année. L'une est affichée dans le bureau, et l'autre est adressée à la Direction.

(Instructions générales n°s 834 et 1545.)

Il est prescrit aux receveurs de l'enregistrement par l'Instruction n° 834, de faire annuellement le relevé des mercuriales de la dernière année, pour établir, conformément à l'article 75 de la loi du 15 mai 1818, le taux moyen de la valeur des grains et autres denrées qui doit servir de base aux évaluations pour la liquidation des droits d'enregistrement. Le tableau formé d'après ce relevé est affiché dans un endroit apparent du bureau du receveur, en exécution de l'article 88 des ordres généraux de régie.

Conformément aux Instructions ministérielles, l'autorité municipale établit, à l'expiration de chaque année, le taux moyen des mercuriales des grains et autres denrées pendant l'année expirée. Elle détermine, en outre, le prix commun des volailles, agneaux, porcs, beurre, fromage, cire, etc., etc., dans les lieux où le prix n'en est point porté sur les registres des marchés.

Le prix moyen ainsi fixé par l'autorité municipale ayant un caractère authentique et légal, les receveurs doivent se borner à en faire le relevé pour toutes espèces de grains et denrées, à la mairie de la commune de leur résidence ou à celle du marché le plus voisin, et à faire certifier l'exactitude du relevé par le maire.

Les receveurs dressent chaque année, au moyen de ce relevé, le tableau des mercuriales, selon le mode prescrit par l'article 75 de la loi du 15 mai 1818 ; il est fait en deux copies : l'une est adressée au Directeur, l'autre est affichée dans un endroit apparent du bureau.

Quant au relevé des mercuriales certifié par le maire, il est conservé parmi les papiers du bureau, et porté sur l'inventaire.

N° 30.

RELEVÉ

Des Sommes avancées pour Frais de Justice criminelle, et des Recouvremens opérés, tant sur les Frais de Justice que sur les Amendes de Police simple, correctionnelle et criminelle, par les Receveurs de l'Enregistrement de l'arrondissement, pendant l'année.

———

Voir modèle de cet État, 5ᵉ partie, n° 39.

Il doit être adressé à la Direction dans le courant du mois de janvier de chaque année.

(*Circulaire de M. le Directeur général, du 25 février 1846.*)

———

Ce n'est qu'à partir de l'année 1847 que ce relevé doit être fait pour l'année 1846, et successivement pour les années suivantes.

Le département de la justice a besoin de connaître, pour chaque arrondissement, le montant des frais de justice avancés annuellement par le trésor public, et les recouvremens effectués tant sur les frais de justice que sur les amendes de simple police, correctionnelle et criminelle.

Cet état est facile à faire ; aussi, la Circulaire de M. le Directeur, général du 25 février 1846, ne contient aucun développement relatif à sa formation. En effet, la tête de chaque colonne indique suffisamment quels sont les documens auxquels on doit avoir recours pour le dresser ; ainsi, pour remplir la première colonne, on prend le montant des frais de justice criminelle porté au chapitre premier de la première partie de la dépense, page 11 du compte d'année.

Pour remplir les deuxième et troisième colonnes concernant les recouvremens sur *les frais de justice criminelle* et sur *les amendes de police simple, correctionnelle et criminelle,* on prend le montant relatif à ces recettes porté pages 2 et 4 du compte d'année, sur les deux exercices.

Les avances et les recouvremens doivent être présentés en une seule ligne.

Dans la troisième colonne, on doit ajouter le décime au principal des amendes.

N° 31.

ÉTAT

Des Dépenses de l'exercice 184 , restant à acquitter au 1ᵉʳ janvier de la deuxième année de cet exercice.

Voir modèle de cet État, 5ᵉ partie, n° 40.

Cet État doit être dressé avant le 1ᵉʳ février , et envoyé à M. le Directeur.

(*Instruction générale du 12 janvier 1839 , n° 1580.*)

L'Instruction n° 1065 porte que les dépenses concernant l'administration de l'enregistrement et des domaines doivent être *entièrement* liquidées , ordonnancées et payées le 30 *septembre* de l'année qui suit l'exercice auquel elles se rapportent.

Les dépenses d'un exercice ont pour objet les services faits pendant l'année qui lui donne sa dénomination. Ainsi, au 1ᵉʳ janvier de l'année qui suit l'expiration de l'exercice , les droits des créanciers sont acquis et ne peuvent plus s'augmenter. D'un autre côté, aucune des dépenses restant à acquitter à cette époque ne peut être inconnue soit aux directeurs , soit aux receveurs. Dans l'intervalle du 1ᵉʳ janvier au 1ᵉʳ octobre, il y a certainement le temps plus que suffisant pour faire fournir par les créanciers les pièces justificatives pour liquider, ordonnancer et payer les dépenses, si les préposés qui doivent concourir à ces opérations y apportent le zèle et la célérité convenables. Le retard dans la libération du trésor doit donc leur être imputé, bien plus qu'aux créanciers, qui toujours désirent être promptement payés.

Les receveurs doivent adresser aux Directeurs, avant le 1er février de la seconde année de l'exercice, un état conforme au modèle ci-annexé des dépenses qui restent à acquitter, pour leur bureau, au 1er janvier de cette même année. Les Directeurs écrivent immédiatement aux créanciers qui n'auraient point encore fourni les pièces justificatives de leurs droits pour les inviter à se mettre promptement en règle; ils pressent, par tous les moyens en leur pouvoir, la liquidation et l'ordonnancement des créances et l'expédition des mandats, de manière que le paiement puisse avoir lieu avant le 1er octobre, époque de la clôture de l'exercice. Les états fournis par les receveurs au Directeur lui servent d'élément pour la formation du relevé des sommes restant dues à cette époque, qu'il doit envoyer à M. le ministre des finances (*Bureau de la Comptabilité des Dépenses*), conformément aux instructions sur la matière. Si, après l'envoi de l'état ci-dessus prescrit, les receveurs découvraient des dépenses qu'ils auraient omis d'y comprendre, ils en informeraient sur-le-champ le Directeur, qui prendrait des mesures pour la liquidation et le paiement.

CINQUIÈME PARTIE.

MODÈLES.

DÉPARTEMENT
d

BUREAU
d

MOIS
d   184 .

Administration de l'Enregistrement et des Domaines. — N° 1.

RELEVÉ des Mentions de Non-Comparution en Conciliation, consignées pendant le mois d   184 , sur les Registres des Bureaux de paix, dans le ressort du Bureau de l'Enregistrement d

N° D'ORDRE du présent.	DÉSIGNATION du BUREAU DE PAIX.	DATE DE LA MENTION sur le registre du greffe.	NOMS ET DOMICILE		INDICATION DE CELLE DES PARTIES qui n'a point comparu en conciliation.
			DU DEMANDEUR.	DU DÉFENDEUR.	

Certifié véritable par le Receveur de l'Enregistrement et des Domaines, soussigné.

A   le   184 .

DÉPARTEMENT
d

BUREAU
d

MOIS
d   184   .

ADMINISTRATION   N° 2.

DE L'ENREGISTREMENT ET DES DOMAINES.

CERTIFICAT NÉGATIF.

Mention de Non-Comparution en Conciliation.

Je soussigné, Receveur de l'Enregistrement et des Domaines, au Bureau d   certifie que, pendant le mois d   184   , il n'a été consigné, sur les registres des Bureaux de Paix du ressort de mon Bureau, aucune Mention de Non-Comparution en Conciliation.

,   A   le   184   .

BUREAU
d

Administration de l'Enregistrement et des Domaines. — N° 3.

Instructions
N°ˢ 1318 ET 1466.

ÉTAT *détaillé des* RENVOIS *du Mois d*
du Bureau d
Directeur le

184 , *provenant*
adressés à M. le

N° D'ORDRE placé en marge de l'enregistrement de la table ou du sommier d'où l'article a été tiré.	DÉSIGNATION des REGISTRE, TABLE OU SOMMIER.	NATURE DE L'ACTE ou RENSEIGNEMENT RENVOYÉ.	OBSERVATIONS.

Certifié valable par le Receveur de l'Enregistrement et des Domaines, soussigné.
A   le   184 .

FRAIS DE JUSTICE
CRIMINELLE.

Administration de l'Enregistrement et des Domaines. -- N° 4.

FRAIS URGENS.

Mois d   184   .

Receveur
de l'Enregistrement.

ÉTAT *des Frais urgens, autres que les indemnités de Témoins et Jurés, payés sur simple taxe, pendant le mois d*   18   , *par le Receveur de l'Enregistrement d*   *département d*

NUMÉROS des PIÈCES.	NATURE DES FRAIS.	NOMS, QUALITÉS ET DEMEURES DES PARTIES PRENANTES.	MONTANT DES TAXES.
		TOTAL. . .	

Je soussigné, Receveur de l'Enregistrement, certifie valable le présent État, montant à la somme de   .

A   le   184   .

FRAIS DE JUSTICE
CRIMINELLE.

FRAIS URGENS.

Mois d   184 .

Receveur
de l'Enregistrement.

Administration de l'Enregistrement et des Domaines. –. Nº 5.

ÉTAT des Sommes payées aux   pendant le mois d
184   , par le Receveur de l'Enregistrement d
département d

NUMÉROS des TAXES.	JOURS.	MYRIAMÈTRES parcours, retour compris.	JOURS DE SÉJOUR.	JOURS de SÉJOUR FORCÉ.	MONTANT DE CHAQUE TAXE.	NOMBRE DE TAXES.	PRODUIT.
						TOTAL.	

Je soussigné, Receveur de l'Enregistrement, certifie véritable le présent État, montant à la somme de

A   le   184   .

Administration de l'Enregistrement et des Domaines. -- N° 6.

DÉPARTEMENT
d

BUREAU
d

TRIMESTRE
d

ÉTAT *des Récépissés de Versemens délivrés aux Préposés de l'Administration de l'Enregistrement, par le Receveur des Finances de l'arrondissement, pendant le mois d*

N.os D'ORDRE.	NOMS DES EMPLOYÉS PAR QUI LES VERSEMENS ONT ÉTÉ FAITS.	DATES DES VERSEMENS.	NUMÉROS des RÉCÉPISSÉS.	MONTANT des SOMMES VERSÉES.	OBSERVATIONS.
			TOTAL.		

Certifié par le Receveur de l'Enregistrement soussigné.

A le 184 .

d

_____essous désignés, pour le tiers à eux attribué par l'article 115

T de-Voirie qui ont été recouvrées, par suite de Condamnations

d . 184 .

NUMÉ du SOMM	MONTANT des AMENDES RECOUVRÉES, (non compris le décime pour franc).	A DÉDUIRE POUR FRAIS DE RÉGIE, 5 p. 0/0, et les frais de poursuite tombés en non-valeur.	RESTE NET.	TIERS de la somme ci-contre attribué aux SOUS-OFFICIERS ET GENDARMES.

Le p*raines*, Vu et liquidé le présent état, à la somme de

à payer

est cert

soussig *A* le 184 .

LE PRÉFET,

l'état ci-dessus, autorisons le Conseil d'Administration de la Compagnie de

A ir nous la somme de à laquelle il s'élève.

le 184 .

MODÈLES. — Pag. 271 à 274.

Administration de l'Enregistrement et des Domaines.

N° 7.

ÉTAT des Sommes à payer aux Sous-Officiers et Gendarmes ci-dessous désignés, pour le tiers à eux attribué par l'article 115 du décret du 16 décembre 1811, des Amendes en matière de Grande-Voirie qui ont été recouvrées, par suite de Condamnations prononcées sur leurs procès-verbaux, pendant le trimestre d   184 .

NUMÉROS du SOMMIER.	NOMS DES DÉLINQUANS CONDAMNÉS AUX AMENDES.	NOMS ET GRADES des SOUS-OFFICIERS ET GENDARMES qui ont constaté les délits.	DATE de leurs PROCÈS-VERBAUX.	DATE des jugemens ou arrêtés qui ont prononcé la condamnation.	DATE DE LA RECETTE des amendes.	MONTANT des AMENDES RECOUVRÉES, (non compris le décime pour franc).	A DÉDUIRE POUR FRAIS DE RÉGIE, 5 p. 0/0, et les frais de poursuite tombés en non-valeur.	RESTE NET.	TIERS de la somme ci-contre attribué aux SOUS-OFFICIERS ET GENDARMES.
					TOTAUX.				

Le présent état, montant à la somme de
à payer aux Sous-Officiers et Gendarmes pour les causes y énoncées,
est certifié par moi, Receveur de l'Enregistrement et des Domaines,
soussigné.

A   le   184 .

Vu par le Directeur de l'Enregistrement et des Domaines, soussigné.

Vu et liquidé le présent état, à la somme de

A   le   184 .

LE PRÉFET,

Vu par nous, Sous-Intendant militaire.

A   le   184 ·

Nous, soussignés, Sous-Officiers et Gendarmes désignés dans l'état ci-dessus, autorisons le Conseil d'Administration de la Compagnie de Gendarmerie d   à toucher pour nous la somme de   à laquelle il s'élève.

A   le   184 .

MODÈLES. — Pag. 271 à 274.

DÉP⋯ment et des Domaines.   N° 8.

d

B

d

sur les Amendes de

TRI_*c*.

d

des Procès- VERBAUX.	A DÉDUIRE pour frais de régie à 5 p. 0/0, et frais de poursuites tombés en non-valeurs.	RESTANT NET.	ATTRIBUTIONS.		OBSERVATIONS.
			Un tiers aux agens qui ont con- staté le délit.	Un tiers aux COMMUNES.	

DÉPARTEMENT
d

BUREAU
d

TRIMESTRE
d

ÉTAT *des Recettes faites pendant le trimestre d* *sur les Amendes de*
Grande-Voirie.

DATES			NOMS DES DÉLINQUANS.	NOMS DES AGENS QUI ONT CONSTATÉ LE DÉLIT.	NOMS DES COMMUNES.	SOMMES REÇUES.	A DÉDUIRE pour frais de régie à 5 p. 0/0, et frais de poursuites tombés en non-valeurs.	RESTANT net.	ATTRIBUTIONS.		OBSERVATIONS.
des Procès-verbaux.	des Jugemens ou Arrêts.	de la Recette.							Un tiers aux agens qui ont constaté le délit.	Un tiers aux communes.	

Vu par le Directeur de l'Enregistrement et des Domaines, soussigné.

Le présent État certifié véritable,
A   le

Vu et liquidé à la somme de
par nous Préfet d

MODÈLES. — Pag. 275 à 278.

d
i-dessous désignés, pour les Attributions qui leur sont accordées
  Roulage, qui ont été recouvrées pendant le trimestre d
d eux rapportés.

de l'Enregistrem.	A DÉDUIRE		TOTAL des déductions.	RESTE NET.	QUOTITÉ de l'attribution suivant la nature de la contravention.	MONTANT de l'attribution accordée aux Sous-Officiers et Gendarmes.	OBSERVATIONS.
	pour Frais tombés en non-valeur et pour restitutions ordinaires.						

Administration de l'Enregistrement et des Domaines.

N° 9.

ÉTAT *des Sommes à payer aux Sous-Officiers et Gendarmes ci-dessous désignés, pour les Attributions qui leur sont accordées par le décret du 23 juin 1806, sur les Amendes en matière de Roulage, qui ont été recouvrées pendant le trimestre d 184 , par suite de Procès-Verbaux de Contravention par eux rapportés.*

N° DU SOMMIER.	NOMS DES CONTREVENANS.	NOMS ET GRADES des Sous-Officiers et Gendarmes qui ont constaté les contraventions.	NATURE de la CONTRAVENTION.	DÉSIGNATION de l'Autorité qui a prononcé la condamnation.	DATE de la Décision ou du Jugement portant condamnation.	DATE de la recette des Amendes ou Dommages.	MONTANT des Amendes ou Dom. recouvrés. A un remp. le décime pour fr.	A DÉDUIRE		TOTAL des déductions.	RESTE NET.	QUOTITÉ de l'attribution suivant la nature de la contravention.	MONTANT de l'attribution accordée aux Sous-Officiers et Gendarmes.	OBSERVATIONS.
								pour remise du Receveur de la commune et celle du Receveur de l'Enregistrem.	pour Frais tombés en non-valeur et pour restitutions ordonnées.					
											TOTAL..			

Le présent état montant à la somme de
à payer aux Sous-Officiers et Gendarmes pour les causes y énoncées, est certifié par moi, Receveur de l'Enregistrement et des Domaines, soussigné.

A   le   184 .

Vu par nous , Sous-Intendant militaire.

l   le   184 .

Vu par le Directeur de l'Enregistrement et des Domaines soussigné.

Nous soussignés, Sous-Officiers et Gendarmes désignés dans l'état ci-dessus, autorisons le Conseil d'Administration de la compagnie de Gendarmerie de   à toucher pour nous la somme de   à laquelle il s'élève.

A   le   184 .

Vu et liquidé le présent état à la somme de

A   le   184 .

LE PRÉFET,

MODÈLES. — Pag. 279 à 282.

d

BUR...

d

TRIME^e d   *Préposés, dont le recouvrement a été fait au Bureau*
                            184 .

d

ÉMARGEMENT DE LA PARTIE PRENANTE.	RESTE DÛ		MONTANT de l'attribution revenant au préposé.			OBSERVATIONS
	sur les amendes.	sur les dommages.	3/4 sur les amendes.	1/2 sur les dommages.	Total de l'attribution.	On fera connaître les articles sur lesquels portent les frais tombés en non-valeurs, ou les restitutions avec la date des décisions qui les ont ordonnées, ainsi que la quotité de la remise du Receveur de la commune et de celui de l'enregistrement. Nota. La remise du Receveur municipal a été fixée à 2 c. 1/2, par décision du ministre, du 1er décembre 1825, et celle du Receveur de l'enregistrement à 3 p. 0/0, par décision du 22 janvier 1840. (*Instruction générale n° 1504.*)

Administration de l'Enregistrement et des Domaines.

N° 10.

ÉTAT des Amendes concernant la Police du Roulage attribuées aux Préposés, dont le recouvrement a été fait au Bureau
d
pendant le trimestre d   184 .

ÉMARGEMENT DE LA PARTIE PRENANTE.	NUMÉROS		NATURE DE LA CONTRAVENTION.	NOMS, PRÉNOMS ET RÉSIDENCE de chaque Contrevenant.	NOM, PRÉNOMS ET RÉSIDENCE du Préposé qui a constaté la contravention.	DÉSIGNATION de l'autorité qui a prononcé la condamnation.	DATE		MONTANT EN PRINCIPAL		TOTAL par chaque préposé saisissant		A déduire pour la remise du Recev᷉ de la commune et du Recev᷉ de l'enregistrement, pour frais tombés en non valeurs pour restitutions à ordonner.		RESTE SUR		MONTANT de l'attribution revent᷉ et retiré.			OBSERVATIONS Où l'on fera connaître les articles sur lesquels portent les frais tombés en non-valeurs, ou les restitutions avec la date des décisions qui les ont ordonnées, ainsi que la quotité de la remise du Receveur de la commune et de celui de l'enregistrement.
	du sommier.	du registre de recette.					de la décision administrative ou du jugement.	du paiem᷉ par le redevable au recev. de l'adm., ou du recouvrem. eff. par le rec. communal.	des amendes.	des dommages.	des amendes.	des dommages.	sur les amendes.	sur les dommages.	sur les amendes.	sur les dommages.	2½ sur les amendes.	1/2 sur les dommages.	Total de l'attribution.	

NOTA. La remise du Receveur municipal a été fixée à 2 c. 1/2, par décision du ministre, du 1er décembre 1825, et celle du Receveur de l'enregistrement à 3 p. 0/0, par décision du 22 janvier 1840. (Instruction générale n° 1604.)

Vu par moi Directeur de l'Enregistrement et des Domaines.

A   le   184 .

Certifié véritable par moi Receveur de l'Enregistrement.

A   le   184 .

MANDAT DU PRÉFET : Le Receveur de l'Enregistrement à   paiera au Préposé dénommé au présent état, la somme d

pour les causes y exprimées.   A   le   184 .

MODÈLES. — Pag. 283 à 286

DÉPARTEMENT

d

BUREAU

d

TRIMESTRE

d   184 .

Administration de l'Enregistrement et des Domaines. – N° 11.

ÉTAT des Sommes à payer aux Sous-Officiers et Gendarmes ci-dessous désignés, pour la moitié à eux attribuée par le décret du 16 messidor an XIII, et la décision du Ministre des Finances du 14 février 1817, des Amendes de Contraventions au Timbre des Lettres de voiture, qui ont été recouvrées sur leurs procès-verbaux, pendant le trimestre d   184 .

NUMÉROS du SOMMIER.	NOMS DES CONTREVENANS.	NOMS ET GRADES DES SOUS-OFFICIERS ET GENDARMES qui ont constaté les contraventions.	DATES de leurs procès-verbaux.	DATES DE LA RECETTE des amendes.	MONTANT des amendes recouvrées, non compris le décime pour franc.	MOITIÉ desdites amendes attribuées aux sous-officiers et gendarmes.
				TOTAUX.		

Le présent état, montant à la somme de   à payer aux Sous-Officiers et Gendarmes pour les causes y énoncées, est certifié par moi, Receveur de l'Enregistrement et des Domaines, soussigné.   A   le   184 .

DÉPARTEMENT
d

BUREAU
d

TRIMESTRE
d

Administration de l'Enregistrement et des Domaines. -- N° 12.

ÉTAT *des Sommes à payer aux Préposés de l'Octroi de la ville d désignés d'autre part, pour la moitié à eux attribuée par le décret du 16 messidor an XIII, des Amendes de contravention au timbre des Lettres de voiture, qui ont été recouvrées sur leurs procès-verbaux, pendant le trimestre d*

NUMÉROS		NOMS	NOMS ET GRADES	DATES	DATES	MONTANT	MOITIÉ
du Sommier.	de la Recette.	DES CONTREVENANS.	DES PRÉPOSÉS qui ont constaté les contra-ventions.	de leurs PROCÈS-VERBAUX.	de la Recette DES AMENDES.	des amendes recou-vrées (non compris le décime).	desdites amendes attribuées aux préposés.
					TOTAUX.		

Le présent état, montant à la somme d

A

est certifié par le Receveur soussigné .

le   184 .

Administration de l'Enregistrement et des Domaines. – N° 13.

DÉPARTEMENT
d

BUREAU
d

TRIMESTRE
d

ÉTAT des Sommes à payer aux Préposés des Douanes de la ville d désignés d'autre part, pour la moitié à eux attribuée par le décret du 16 messidor an XIII, des Amendes de contravention au timbre des Lettres de voiture, qui ont été recouvrées sur leurs procès-verbaux, pendant le trimestre d

| NUMÉROS | | NOMS | NOMS ET GRADES | DATES | DATES | MONTANT | MOITIÉ |
du Sommier.	de la Recette.	DES CONTREVENANS.	DES PRÉPOSÉS qui ont constaté les contra-ventions.	de leurs PROCÈS-VERBAUX.	de la Recette DES AMENDES.	des amendes recou-vrées (non compris le décime).	desdites amendes attribuées aux préposés.
					Totaux.		

Le présent état, montant à la somme d est certifié par le Receveur soussigné.

A le 184 .

18

DÉPARTEMENT

d

BUREAU

d

(I. 1609.)

Administration de l'Enregistrement et des Domaines. -- N° 14.

ÉTAT des Recettes effectuées pendant le trimestre d   184   . sur les
Confiscations et Amendes prononcées pour Contraventions aux Lois et Réglemens
maritimes, et attribuées à la Caisse des Invalides de la Marine.

NOMS ET DOMICILE des CONTREVENANS.	DATE du JUGEMENT.	NATURE des CONTRAVENTIONS.	DATE de LA RECETTE.	PRODUIT DES OBJETS confisqués.	MONTANT en principal DES AMENDES.	TOTAL..	A DÉDUIRE 5 p. 0/0 pour frais de RÉGIE.	RESTE NET revenant à la caisse des invalides de la marine.	OBSERVATIONS.
TOTAL.									

Certifié véritable par le Receveur de l'Enregistrement et des Domaines, soussigné.

A   le   184   .

DÉPARTEMENT

d

____

BUREAU

d

____

TRIMESTRE

d   184 .

Administration de l'Enregistrement et des Domaines. - N° 15.

ÉTAT _détaillé du Produit des Ventes d'Objets mobiliers et de la Location des Bâtimens et Terrains dépendant du Ministère de la Marine, pendant le trimestre_

d   184 .

NOMS DES BUREAUX.	INDICATION du lieu où les ventes ont été faites, et de la situation des bâtimens et terrains loués.	DATES DES VENTES ou locations.	DÉSIGNATION DES OBJETS vendus ou loués.	PRODUIT DES VENTES ou des locations pendant le trimestre.	OBSERVATIONS.
			TOTAL. . .		

Certifié par le Receveur de l'Enregistrement, soussigné.

A   le   184 .

Administration de l'Enregistrement et des Domaines. -- N° 16.

DÉPARTEMENT
d

BUREAU
d

TRIMESTRE
d   184 .

ÉTAT *des Poursuites exercées contre les Délinquans Forestiers insolvables, pour être incarcérés.*

NOMS DES DÉLINQUANS.	DOMICILE.	NATURE DES DÉLITS.	DATE DES JUGEMENS.	MONTANT des CONDAMNATIONS.	POURSUITES EXERCÉES POUR LE RECOUVREMENT DES CONDAMNATIONS.			OBSERVATIONS.
					DATE des commandemens.	DATE de l'emprisonnement.	DURÉE de l'emprisonnement.	

Je soussigné, Receveur de l'Enregistrement, certifie valable le présent État.

A   le   184 .

Administration de l'Enregistrement et des Domaines. -- N° 17.

BUREAU
d ___________

COMMUNE
d ___________

SEMESTRE
d   184 .

ÉTAT *par commune des Condamnés pour Délits forestiers, reconnus insolvables.*

NOMS ET PROFESSION DES CONDAMNÉS.	NOMBRE des condamnations survenues contre eux.	DATES des différens certificats constatant leur insolvabilité.	POURSUITES EXERCÉES pour le recouvrement des condamnations.			OBSERVATIONS.
			DATE des commandemens.	DATE de l'emprisonnement.	DURÉE de l'emprisonnement.	

Certifié par le Receveur de l'Enregistrement, soussigné.

A   le   184 .

Administration de l'Enregistrement et des Domaines. -- N° 18.

DÉPARTEMENT
d

BUREAU
d

ÉTAT *des Pensionnaires de l'Administration, domiciliés dans l'arrondissement du Bureau.*

NOMS ET PRÉNOMS des PENSIONNAIRES.	LEUR GRADE.	MONTANT des PENSIONS.	LIEU du DOMICILE.	DATE des DÉCÈS.	OBSERVATIONS. On y fera connaître le changement de domicile des pensionnaires ou l'état de convol des veuves.

Je soussigné, Receveur de l'Enregistrement, certifie véritable le présent État.

A   le

184   .

DÉPARTEMENT
d

BUREAU
d

TRIMESTRE
d   184   .

Administration de l'Enregistrement et des Domaines. -- Nº 19.

ÉTAT des Sommes recouvrées sur les Amendes pour Contraventions à l'article 56 du décret du 15 novembre 1811, concernant le Régime de l'Université, pendant le trimestre d   184   .

NOMS DES CONDAMNÉS.	DOMICILE des CONDAMNÉS.	DATE DES JUGEMENS de condamnation.	NATURE des CONTRAVENTIONS.	MONTANT des AMENDES recouvrées.	MONTANT des sommes payées par les condamnés sur les amendes, non compris le décime.	OBSERVATIONS.

Montant brut des sommes recouvrées, non compris le décime. . . . .

A DÉDUIRE : { Cinq pour cent pour frais de régie. . . . .
Frais de poursuites tombés en non-valeurs. . . . . . .

RESTE net. . . . .

La moitié attribuée aux enfans-trouvés est de. . . . .

Le présent Etat, montant à la somme de   pour le restant net de la moitié attribuée aux Enfans-Trouvés, certifié véritable par le Receveur, soussigné.   A   le   184   .

DÉPARTEMENT
d

BUREAU
d

TRIMESTRE
d   18   .

Administration de l'Enregistrement et des Domaines -- Nº 20.

ÉTAT des Recettes faites pendant le trimestre d   sur les Amendes
concernant les Huissiers.

Nᵒˢ D'ORDRE.	NOMS des CONTREVENANS.	DATE des JUGEMENS.	DATE des RECETTES.	MONTANT DES AMENDES en principal.	A DÉDUIRE.		RESTE.	UN QUART attribué à la bourse commune.	OBSERVATIONS.
					5 pour 0/0 pour frais de régie.	1/4 des frais tombés en non-valeurs.			

Certifié valable par le Receveur de l'Enregistrement et des Domaines, soussigné.

A   le   184   .

Administration de l'Enregistrement et des Domaines. -- N° 21.

DÉPARTEMENT
d

BUREAU
d

TRIMESTRE
d   184 .

ÉTAT des Recouvremens opérés sur les Prix de Ferme des Domaines de l'État.

N°ˢ D'ORDRE.	N°ˢ du SOMMIER.	NOMS DES DOMAINES.	NOMS DES ADJUDICATAIRES.	MONTANT des SOMMES RECOUVRÉES.	DATE DES PAIEMENS.	OBSERVATIONS.

Certifié valable par le Receveur de l'Enregistrement et des Domaines, soussigné.

A   le   184 .

Administration de l'Enregistrement et des Domaines -- N° 22.

DÉPARTEMENT
d

BUREAU
d

TRIMESTRE
d   184   .

ÉTAT des Recouvremens opérés sur les Prix de Vente des Domaines de l'État.

N.ºs D'ORDRE.	N.ᶜˢ du SOMMIER.	INDICATION DES BIENS VENDUS.	NOMS DES ACQUÉREURS.	MONTANT des PRIX RECOUVRÉS.	DATE DES PAIEMENS.	OBSERVATIONS.

Certifié par le Receveur de l'Enregistrement, soussigné.

A   le   184   .

Administration de l'Enregistrement et des Domaines. -- N° 23.

DÉPARTEMENT
d

BUREAU
d

TRIMESTRE
d   184 .

ÉTAT *des Recouvremens opérés pendant le trimestre d*   au
bureau d   *sur les Fermages des Droits de Pêche et de*
Chasse.

N° DU SOMMIER		NOMS des CANTONNEMENS.	NOMS des ADJUDICATAIRES.	MONTANT DU FERMAGE recouvré.	DATES des PAIEMENS.	OBSERVATIONS.
du Bureau.	de la Direction.					

Je soussigné, Receveur de l'Enregistrement , certifie valable le présent État.
A   le   184 .

Nota. — Le
actes de décès se
à la suite l'un d
l'ordre de leur
mément au regi
civil et sans auc

ar le Maire de la commune d

des Actes de Décès reçus pendant le trimestre

NOMS ET DES D...^{in ou} ...cédés.	MÈRE	NOMS ET PRÉNOMS du survivant des époux, si le décédé était marié.	NOMS, DEMEURE ET DEGRÉ de parenté des Héritiers.	OBSERVATIONS dans lesquelles on fera connaitre la NATURE et la SITUATION des biens du décédé.

184 .

MODÈLES. — Pag. 301 à 304.

ÉTAT *remis en exécution de l'article 55 de la loi du 22 frimaire an VII, par le Maire de la commune d*
au Receveur de l'Enregistrement à *des Actes de Décés reçus pendant le trimestre*
d 184 .

NOMS ET PRÉNOMS DES DÉCÉDÉS.	LEUR PROFESSION.	LEUR AGE.	LIEU de LEUR DOMICILE.	DATE des DÉCÈS.	INDICATION DE LA COMMUNE où est né le décédé.	SON ÉTAT de Célibataire, Veuf ou Marié.	NOMS DES PÈRE ET MÈRE DU DÉCÉDÉ, Avec mention si l'un ou tous les deux sont décédés.	NOMS ET PRÉNOMS du survivant des époux, si le décédé était marié.	NOMS, DEMEURE et degré de parenté des Héritiers.	OBSERVATIONS dans lesquelles on fera connaître la nature et la situation des biens du décédé.

Le présent État certifié véritable,
A le 184 .

MODÈLES. — Pag. 301 à 304.

DÉPARTEMENT   Administration de l'Enregistrement et des Domaines — N° 25

DÉPARTEMENT
d

BUREAU
d

SEMESTRE
d   184   .

Administration de l'Enregistrement et des Domaines. -- N° 25.

ÉTAT *adressé à M. le Procureur du Roi près le tribunal civil d   des*
Procès–Verbaux de Délits enregistrés pendant le semestre d   184   ,
sur lesquels il n'est jusqu'à ce jour intervenu aucun jugement.

DATE des PROCÈS-VERBAUX.	DATE de L'ENREGISTREMENT.	NOMS ET RÉSIDENCE DU FONCTIONNAIRE qui a rédigé le procès-verbal.	NOMS ET RÉSIDENCE des CONTREVENANS.	OBSERVATIONS.

Certifié véritable par le Receveur de l'Enregistrement et des Domaines, soussigné.

A   le   184   .

DÉPARTEMENT

d

BUREAU

d

SEMESTRE

d   184 .

Administration de l'Enregistrement et des Domaines. -- N° 26.

ÉTAT *des Condamnés pour Délits Forestiers, dont l'insolvabilité est l'objet d'un dissentiment entre le Receveur des Domaines et l'Agent Forestier.*

NUMÉROS d'ordre.	NUMÉROS du SOMMIER.	NOMS ET PRÉNOMS des CONDAMNÉS.	DATE des CONDAMNATIONS.	MONTANT des SOMMES DUES.	DATE du dernier CERTIFICAT d'indigent.	OBSERVATIONS Dans lesquelles on fera connaître les motifs du dissentiment.

Certifié par le Receveur de l'Enregistrement, soussigné.

A   le   184 .

DÉPARTEMENT

d

BUREAU

d

Administration de l'Enregistrement et des Domaines. -- N° 28.

INVENTAIRE des Pièces justificatives des Avances restant à recouvrer ou à régulariser au 31 décembre 184   , suivant la situation établie dans le Compte du Receveur pour ladite année.

NATURE DES AVANCES dans l'ordre ÉTABLI PAR LE COMPTE.	NOMS ET QUALITÉS des PARTIES PRENANTES.	DATES des AVANCES.	INDICATION DES PIÈCES existant entre les mains du receveur.	MONTANT DES AVANCES restant à recouvrer ou régulariser au 31 décembre 18 .	
				PAR ARTICLE.	PAR NATURE.
			TOTAL PAREIL AU COMPTE.		

Le présent Inventaire , montant au total à la somme d   est certifié par le Receveur soussigné.

A   le   184   .

DÉPARTEMENT
d

BUREAU
d

ANNÉE 18 .

Administration de l'Enregistrement et des Domaines. — N° 29.

ÉTATS *détaillés des Frais tombés en non-valeurs, avancés par le Receveur de l'Enregistrement de , pour le Recouvrement des Condamnations pécuniaires prononcées contre des individus dont l'insolvabilité a été régulièrement constatée (Produits forestiers, ou Amendes de simple police, de police correctionnelle et de chasse, ou Frais de justice, sans amende, Amendes de roulage, etc.)*

N°s D'ORDRE.	ACTES DE POURSUITES OU CONSERVATOIRES.	NOMS DES DÉBITEURS.	MONTANT DES FRAIS (PAR ARTICLE).	OBSERVATIONS.

Je soussigné, Receveur de l'Enregistrement, certifie valable le présent État.

A le 18 .

Administration de l'Enregistrement et des Domaines. -- N° 30.

DÉPARTEMENT
d

BUREAU
d

ANNÉE 184   .

ÉTAT des Restitutions et Dommages–Intérêts adjugés à
pour Délits ou Contraventions commis dans ses bois ,
recouvrés par le Receveur soussigné, pendant l'année 184   .

NOMS DES CONDAMNÉS.	DOMICILE DES CONDAMNÉS.	DATE des Jugemens de condamnation.	MONTANT des restitutions de dommages- intérêts prononcés par les jugemens.	DATE DES RECETTES des restitutions et dommages-intérêts.	MONTANT DES RECETTES des restitutions et dom.-intérêts.	OBSERVATIONS.
				TOTAL..		

Je soussigné, Receveur de l'Enregistrement , certifie véritable le présent État montant à la somme de

A   le   184   .

Administration de l'Enregistrement et des Domaines. -- N° 31.

COMMUNE
d

BUREAU
d

ANNÉE 18   .

ÉTAT des Sommes recouvrées sur les Amendes de Police rurale et municipale, pendant l'année 184   , d'après le registre de recette.

NOMS des CONDAMNÉS.	DOMICILE des CONDAMNÉS.	DATE DES JUGEMENS de condamnation.	MONTANT DES AMENDES prononcées.	SOMMES payées par les condamnés sur les amendes, non comp. le 10ᵉ.	OBSERVATIONS.
Montant brut des sommes recouvrées, non compris le décime. . . .					
Cinq pour cent pour frais de régie à déduire.					
RESTE net pour la commune.					

Le présent état, montant à la somme de   pour le restant net au profit de la commune d
est certifié par moi, Receveur de l'Enregistrement et des Domaines, soussigné.   A   le   184   .

Administration de l'Enregistrement et des Domaines. -- N° 32.

COMMUNE
d

BUREAU
d

ANNÉE 184 .

ÉTAT des Sommes recouvrées sur les Amendes de Police correctionnelle, pendant l'année 184   , d'après le registre de recette.

NOMS DES CONDAMNÉS.	DOMICILE des CONDAMNÉS.	DATE DES JUGEMENS de condamnation.	MONTANT DES AMENDES prononcées.	SOMMES payées par les condamnés sur les amendes, non comp. 10ᵉ.	OBSERVATIONS.
Montant brut des sommes recouvrées, non compris le décime.					
Cinq pour cent pour frais de régie à déduire.					
Reste net pour les hospices et le fonds commun entre les mairies du départᵗ.					

Le présent État, pour le restant net au profit des Hospices et le fonds commun à la disposition de M. le Préfet, pour les communes du département, montant à la somme de   A   le   184 .

Administration de l'Enregistrement et des Domaines. -- N° 33.

DÉPARTEMENT

d

BUREAU

d

ANNÉE 184 .

ÉTAT *récapitulatif des États d'Amendes attribuées.*

Il a été recouvré sur l'exercice courant. . . . . » »
— Sur l'exercice précédent. . . . . » »

TOTAL. . . . . » »

SAVOIR :

	N°s D'ORDRE.	NOMS DES COMMUNES (Alphabétiquement).	MONTANT des AMENDES.	A DÉDUIRE :		RESTANT NET.	OBSERVATIONS.
				Cinq pour Cent dans tous les cas.	Gratifications pour les amendes de chasse.		
AMENDES DE SIMPLE POLICE					» »		
					» »		
AMENDES DE CHASSE.							.
POLICE CORRECTION- NELLE					» »		
	TOTAL pareil au Registre de Recette						

Certifié valable par le Receveur de l'Enregistrement, soussigné.   A   le   184 .

DÉPARTEMt des Domaines.

d

BUREA

d

Instr. n° 1624. C*mmeubles*, *terminées pendant l'année* 184   *dans le*
juin 1841 et 2 *moyen de Soumissions des parties.*
1843.

NOM DU F	SUFFISANCE de prix d'évaluation en capital, reconnue par soumission.	MONTANT des droits simples et en sus recouvrés ou à recouvrer.	OBSERVATIONS.
TOTA			

·   *ines, soussigné.*
le   184   .

MODÈLES. — Pag. 315 à 318.

DÉPARTEMENT
d

BUREAU
d

Instr. n° 1624. Circ. des 14 juin 1841 et 2 novembre 1843.

ÉTAT des *Affaires en matière d'Insuffisance de Prix ou d'Évaluation d'Immeubles, terminées pendant l'année 184   dans le bureau d   au moyen de Soumissions des parties.*

NOM DU BUREAU.	NOMBRE DES ARTICLES D'INSUFFISANCE.			MONTANT		TOTAL.	INSUFFISANCE approximative du prix ou de l'évaluation en capital.	INSUFFISANCE du prix ou d'évaluation en capital, reconnue par soumission.	MONTANT des droits simples et en sus recouvrés ou à recouvrer.	OBSERVATIONS.
	en valeur vénale.	en revenu.	TOTAL.	du prix énoncé dans les contrats.	du capital du revenu déclaré.					
TOTAUX. . . .										

Certifié véritable par le Receveur de l'Enregistrement et des Domaines, soussigné.

A   le   184   .

MODÈLES. — Pag. 315 à 318.

tation d'Immeubles, terminées pendant l'année 184   dans
par voie d'Expertise.

MONTANT des droits dus et en sus à recouvrer.	MONTANT DES FRAIS		OBSERVATIONS.
	à la charge de l'administration.	à la charge des parties.	

t des Domaines, soussigné.

le   184   .

MODÈLES. — Pag. 319 à 322.

Administration de l'Enregistrement et des Domaines.

N° 35.

RELEVÉ *des Affaires en matière d'Insuffisance de Prix ou d'Évaluation d'Immeubles, terminées pendant l'année 184   dans le bureau d   par voie d'Expertise.*

NUMÉROS d'ordre.	NOM DU BUREAU.	NOMS DES PARTIES.	NATURE de la TRANSMISSION.	QUOTITÉ DU DROIT.	PRIX énoncé dans le contrat ou capital du revenu déclaré.	INSUFFISANCE DE PRIX OU D'ÉVALUATION.		MONTANT des droits simples et en sus recouvrés ou à recouvrer.	MONTANT DES FRAIS		OBSERVATIONS.
						présumée par le directeur.	constatée par l'expertise.		à la charge de l'administration.	à la charge des parties.	
				TOTAUX.							

Certifié véritable par le Receveur de l'Enregistrement et des Domaines, soussigné.

À   le   184   .

DÉPARTEMENT

d

Administration de l'Enregistrement et des Domaines -- N° 36.

BUREAU

d

RELEVÉ *des Affaires en matière d'Insuffisance de Prix ou d'Évaluation d'Immeubles,
terminées en 184 , dans le Bureau d   et dues aux découvertes.
soit des Employés supérieurs seuls, soit des Employés supérieurs et des Receveurs
conjointement, soit des Receveurs seuls.*

NOMS ET QUALITÉS des EMPLOYÉS.	ARTICLES DÉCOUVERTS par les EMPLOYÉS SUPÉRIEURS.		ARTICLES DÉCOUVERTS par les employés SUPÉRIEURS ET RECEVEURS.		ARTICLES DÉCOUVERTS par LES RECEVEURS.		TOTAUX.		OBSERVATIONS.
	Nombre.	Montant.	Nombre.	Montant.	Nombre.	Montant.	Nombre.	Montant.	
TOTAUX..									Nota. Les articles découverts par les employés supérieurs et les receveurs conjointement, ne seront portés qu'une seule fois sur ce relevé, sous les noms réunis du receveur et l'employé supérieur. Les résultats doivent s'accorder avec les deux états, même instruction.

Certifié valable par le Receveur de l'Enregistrement et des Domaines, soussigné.

A   le   184 .

DIRE

d   portés sur les *Registres des Bureaux dépendant de la*
  et le nombre des principaux Officiers publics existant

ANNÉ

NO DES BU par o alphab ( )	Douanes. (Sommier nos 4, 5, 6, 7, 8, et les opérations de trésorerie.)	Totaux des actes, déclara- tions et articles de recette portés sur les registres.	NOMBRE DES OFFICIERS PUBLICS dans l'arrond^t de chaque bureau.			OBSERVATIONS.
			Notaires.	Greffiers.	Huissiers, Commissaires- priseurs.	

184   .

MODÈLES. — Pag. 325 à 328.

Administration de l'Enregistrement et des Domaines.

N° 37.

TABLEAU *du nombre des Actes, Déclarations et Articles de Recette, portés sur les Registres des Bureaux dépendant de la direction d*   *pendant l'année 18   , et le nombre des principaux Officiers publics existant dans l'arrondissement du bureau (Instr. 1438.)*

NOMS DES BUREAUX par ordre alphabétique.	NOMBRE DES ACTES, DÉCLARATIONS ET ARTICLES DE RECETTE.																	NOMBRE DES OFFICIERS PUBLICS dans l'arrond' de chaque bureau.			OBSERVATIONS.
	Actes civils publics.	Actes civils sous signature privée.	Actes judiciaires et droits de greffe, de rédaction et d'expédition.	Droits de greffe de mise au rôle.	Actes d'huissier.	Déclarations de successions.	Timbre extraordinaire et visa pour timbre.	Passe-port et permis de port d'armes.	HYPOTHÈQUES.						Amendes de condamnation, frais de justice, etc. (Sommier n° 3.)	Douanes. (Sommier nos 4, 5, 6, 7, 8, et les opérations de trésorerie.)	Totaux des actes, déclarations et articles de recette portés sur les registres.	Notaires.	Greffiers.	Huissiers, Commissaires-priseurs.	
									Dépôts de pièces.	Inscriptions.	Transcription des actes de mutation.	Transcription des procès-verbaux de saisie.	Bor. des orig. de proc.-verb. de dén. de saisie et de ceux de tout de placard.	Salaires des conservateurs.							

Certifié par le

A   *le*   184   .

MODÈLES. — Pag. 325 à 328.

DÉPARTEMENT

d

BUREAU

d

ANNÉE 18 .

Administration de l'Enregistrement et des Domaines. -- N° 38.

TABLEAU *des Mercuriales, pour servir de base à la Liquidation des Droits d'Enre-gistrement pour l'année 18   , dressé conformément à l'art. 88 des Ordres généraux de Régie et à l'art. 75 de la loi du 15 mai 1818.*

DÉSIGNATION DES DENRÉES. — Nota. On désignera dans cette colonne toutes les denrées qui seront portées sur les mercuriales arrêtées par l'autorité administrative.	TAUX COMMUN DU PRIX DES QUATORZE DERNIÈRES ANNÉES ANTÉRIEURES A 18 .														TOTAL Pour les 14 dernières années.	A DÉDUIRE LE MONTANT des deux plus fortes et des deux plus faibles années.		RESTE Pour les 10 autres années.	DIXIÈME Du restant formant le taux moyen pour 18 .	OBSERVATIONS.
	18	18	18	18	18	18	18	18	18	18	18	18	18	18		Indication des années.	Montant des déductions.			
GRAINS. Blé-froment . . Méteil . . . . . Seigle . . . . . Orge . . . . . . Avoine																				

Certifié valable par le Receveur de l'Enregistrement et des Domaines, soussigné.

A   le   184   .

Administration de l'Enregistrement et des Domaines -- N° 39.

DÉPARTEMENT
d

ARRONDISSEMENT
d

ANNÉE 18 .

RELEVÉ *des Sommes avancées pour Frais de Justice criminelle, et des Recouvremens opérés, tant sur les Frais de Justice que sur les Amendes de Police simple, correctionnelle et criminelle, par les Receveurs de l'Enregistrement de l'arrondissement*
d
pendant l'année 184 .

MONTANT DES AVANCES DE FRAIS DE JUSTICE criminelle.	MONTANT DES RECOUVREMENS			OBSERVATIONS.
	SUR LES FRAIS de justice criminelle.	SUR LES AMENDES de police simple, correctionnelle et criminelle (principal et decime).	TOTAL.	

Certifié par le Receveur de l'Enregistrement, soussigné.

A . . le .

184 .

DÉPARTEMENT

d

BUREAU

d

EXERCICE 184   .

Administration de l'Enregistrement et des Domaines. -- N° 40.

ÉTAT *des Dépenses de l'Exercice* 184   , *restant à acquitter au bureau d*
à l'époque du premier janvier de la seconde année de cet exercice.

DÉSIGNATION des dépenses dans l'ordre des BORDEREAUX MENSUELS.	NOMS ET DEMEURE des CRÉANCIERS.	NATURE de LA DÉPENSE.	MONTANT exact ou présumé DE LA DÉPENSE.	TOTAL par CHAPITRE.	OBSERVATIONS.
		TOTAUX. .			

Je soussigné, Receveur de l'Enregistrement, certifie véritable le présent État.

A   le   184   .

COMPTE

DE CLERC-A-MAITRE

A rendre par les Receveurs à leurs Successeurs, dans le cas de changement d'emploi, pendant le cours d'une année.

Ce Compte est fait en quatre expéditions : l'une est remise au Receveur sortant, la seconde reste au bureau, et les deux autres sont envoyées à la direction.

L'article 4 de l'Ordonnance royale du 8 novembre 1820, insérée dans l'Instruction n° 971, porte que les receveurs, dans le cas de mutation d'emploi, rendront, chacun pour sa gestion personnelle, un compte particulier à la Cour des Comptes.

Cette disposition soumet à la juridiction directe de la Cour chacun des comptables que les arrêts doivent atteindre; et par une conséquence nécessaire, elle veut que chaque préposé rende seulement compte de ses actes personnels. Toutefois, l'ordonnance dont il s'agit n'a pas fait une obligation explicite et rigoureuse de rendre autant de comptes séparés qu'il a pu y avoir de mutations de préposés dans le cours d'une année, et le Ministre des finances a décidé, le 30 mai 1821, que « le compte » de clerc-à-maître que le receveur qui cessera ses

» fonctions dans le courant de l'année devra rendre
» à son successeur, sera rédigé en quadruple ex-
» pédition ; qu'à la fin de l'année le receveur en
» exercice dressera un seul compte pour la Cour,
» mais que les formules et arrêtés de comptes an-
» nonceront que le préposé le rend tant en son
» nom qu'en celui de son prédécesseur, chacun
» pour les actes qui lui sont personnels ; qu'au
» moyen de la production des comptes de clerc-à-
» maître, le compte annuel fera connaître distinc-
» tement les opérations afférentes à chaque titu-
» laire, et établira la distinction de gestion qui
» servira de base aux arrêts de la Cour. »

D'après cette décision, les comptes de clerc-à-
maître devant être produits au soutien du compte
de l'année, il importe qu'ils soient dressés avec régularité.

Dans tous les cas de changement de résidence,
de démission, absence ou maladie, la remise du
service des bureaux de recette, soit entre receveurs,
soit entre surnuméraires et receveurs, doit avoir lieu
en présence d'un employé supérieur, qui concourt
à la formation du compte de clerc-à-maître. Ce
concours est nécessaire sous plusieurs rapports,
notamment pour assurer la régularité des diverses
opérations qui se rattachent à la formation de ce
compte ; pour applanir les difficultés qui pourraient

s'élever entre le receveur et son remplaçant ; pour constater, avec une exactitude impartiale, la situation des différentes parties du service, et attester l'existence des registres et autres documens du bureau. Ces considérations ne s'appliquent pas seulement au cas de remise d'un bureau à un nouveau titulaire, mais encore à celui de remplacement temporaire ; par suite de maladie ou d'absence.

Lorsque l'intérim d'un bureau est confié à un vérificateur ou inspecteur, les mêmes motifs n'existent pas, et l'intervention d'un second employé supérieur est inutile.

Le nouveau et l'ancien receveur et l'employé supérieur chargé de l'installation, procèdent à l'établissement du compte de clerc-à-maître. Ce compte est rédigé en quadruple expédition ; l'une est remise au receveur sortant, la seconde reste au bureau, et les deux autres sont envoyées au Directeur, qui en conserve une et adresse l'autre à la Comptabilité.

Supposons que la mutation ait lieu au milieu d'un mois : Dans ce cas, on arrête les recettes sur chacun des registres, depuis le commencement de l'année jusqu'au jour de l'installation ; on dresse sur chaque registre un procès-verbal qui doit être signé tant par l'employé supérieur que par les deux receveurs. Ces procès-verbaux des arrêtés des recettes, qui, selon l'Instruction n° 985, étaient portés à la marge des registres, doivent être rédigés à la suite du dernier enregistrement ou arrêté quotidien, et dans une case spéciale, si le registre est divisé par cases.

(Instruction n° 1688.)

On vient de dire que l'on arrête les recettes depuis le commencement de l'année jusqu'au jour de l'installation, quand il n'y a pas eu d'interruption de comptable depuis le commencement de l'année ; mais il peut arriver que le receveur sortant ne soit lui-même entré en exercice que postérieurement au premier janvier ; dans ce cas, le compte qu'il a à rendre à son successeur ne doit comprendre, avec les fonds qui lui ont été remis par son prédécesseur, que les recettes et les dépenses de sa propre gestion.

A la marge gauche du procès-verbal d'arrêté des recettes sur chaque registre, il faut avoir soin de porter, mois par mois, les recettes faites jusqu'au jour de l'installation, afin que **MM.** les employés supérieurs puissent vérifier avec célérité l'exactitude des chiffres.

On procède ensuite à la rédaction du compte de clerc-à-maître, sur lequel on porte 1° le montant des valeurs qui restaient en caisse au premier janvier d'après le compte d'année, ou le résultat du compte de clerc-à-maître précédent ; 2° toutes les recettes de l'année courante mentionnées aux procès-verbaux consignés sur les différens registres de perception, ainsi que le produit en espèces de la débite du timbre et des passe-ports depuis le premier janvier ou depuis le dernier compte de clerc-à-maître ; 3° les dépenses de toute nature, depuis la même époque, justifiées, soit par les pièces originales, soit par le double des inventaires des pièces de dépense ; 4° enfin, les valeurs existantes dans la caisse du receveur au moment de la cessation de ses fonctions.

Le compte de clerc-à-maître établi sur des cadres imprimés par l'administration, est fait dans le même ordre que le compte d'année ; ce n'est, au surplus, que la reproduction du sommier de dépouillement, en ce qui concerne seulement les recettes et les dépenses de la gestion du comptable qui quitte le bureau.

Le compte en matières de papiers timbrés et formules de passe-ports et permis de chasse est établi dans un tableau dressé à la page 5 du compte de clerc-à-maître. Il est important de remplir convenablement la première colonne de ce tableau, parce qu'elle sert de base aux autres colonnes ; elle doit être la reproduction exacte des quantités restant en nature, soit au premier janvier, soit à l'époque de la formation du dernier compte de clerc-à-maître.

Avant de terminer, il n'est pas inutile d'expliquer le mode d'après lequel doit être calculée la retenue à exercer sur les appointemens des employés, en cas d'absences par congés et de vacances d'emplois.

Les prélèvemens à exercer au profit de la caisse des pensions sur les remises des receveurs, à raison et pour la durée des congés accordés aux préposés, devaient, d'après l'Instruction n° 1016, être réglés définitivement sur les remises allouées pour l'année qui avait précédé celle où il était fait usage du congé.

Mais ce mode avait l'inconvénient de blesser ou de favoriser les intérêts des receveurs, selon que leurs remises de l'année, pendant laquelle l'absence par congé avait eu lieu, étaient inférieures ou supérieures à celles de l'année précédente; et le prélèvement, considéré sous le rapport des remises de l'année courante, se trouvait trop fort pour les uns et insuffisant pour les autres.

Des réclamations ont été faites à ce sujet. Il a été reconnu que le mode dont il s'agit était susceptible d'améliorations, et que, d'un autre côté, les prélèvemens, soit pour cause d'absence par congé, soit pour cause de vacance d'emploi par mort, démission ou autrement, devaient être faits d'après des règles uniformes.

Pour opérer avec équité, il a paru convenable d'exercer les prélèvemens de l'espèce sur les recettes de l'année même pendant laquelle l'absence ou la vacance a eu lieu ; de rendre seulement provisoire la liquidation faite d'après l'année précédente, et de faire établir, le 31 décembre, un décompte définitif de ces mêmes prélèvemens, dans la proportion des remises de l'année courante.

Ainsi, le receveur sortant se charge en recette, le dernier jour de sa gestion, de la portion de remises attribuée à la caisse des retraites sur le registre des fonds de retraite, calculée par jour sur le chiffre provisoire des remises établi au commencement de l'année par le Directeur. Il se charge également en dépense de la portion de remises qui lui est due, calculée d'après les mêmes bases (1).

Il est important de remarquer que chaque mois,

---

(1) Le 31 décembre, le receveur établit dans la liquidation de ses remises le compte définitif des prélèvemens à exercer au profit de la caisse des retraites, à raison des absences par congé, ou des vacances qui ont eu lieu pendant l'année.

Dans le cas où les prélèvemens provisoirement effectués sont insuffisans, le receveur porte immédiatement en recette le complément. Dans le cas contraire, il déduit sur le registre des fonds de retraite l'excédant résultant de la liquidation.

Les receveurs et les préposés qui ont fait l'intérim des bureaux établissent un compte entr'eux : le receveur en exercice tient compte à ses prédécesseurs de ce qu'il peut leur revenir pour parfaire la portion de remises à laquelle ils ont droit, ou se fait rendre par eux ce qu'ils ont reçu de trop.

quelque soit le nombre de jours qu'il comprend , compte pour trente jours. Le calcul des retenues , fait d'après cette règle sur les traitemens et remises , en cas de congé , offre plus de facilité que celui qui se baserait sur le nombre effectif des jours de chaque mois. Ainsi , pour les prélèvemens à exercer sur les appointemens des employés en congé , chaque mois est , dans tous les cas , considéré comme étant de trente jours ; de sorte que les jours excédans ou manquans ne comptent ni pour l'employé ni pour la caisse des retraites. Le 31 d'un mois n'est compris dans la durée ni de la présence ni de l'absence de l'employé ; et , par compensation, il est ajouté un jour ou deux au mois de février, soit à la présence soit à l'absence , lorsqu'elles tombent à la fin de ce mois.

TABLE DES MATIÈRES.

TROISIÈME PARTIE.

OPÉRATIONS PAR SEMESTRE.

QUATRIÈME PARTIE.

OPÉRATIONS DE FIN D'ANNÉE.

CINQUIÈME PARTIE.

MODÈLES.

FIN.